· 海南省 Chris Ryan 院士工作站基金项目支持
· 海南省哲学社会科学规划课题："海南乡村旅游高质量发展促进居民共同富裕机制与路径研究"（HNSK（YB）22-25）
· 海南省自然科学基金项目："海南自由贸易港建设对居民生活质量影响机制与提升路径研究"（722QN289）
· 海南省自然科学基金高层次人才项目："海南自贸港建设促进乡村居民共同富裕机制与实现路径研究"（723RC465）

海南自由贸易港居民生活质量研究

李萍　潘颖颖　编著

内容提要

本书着眼于海南自由贸易港建设，以及其对海南省高质量可持续发展的重大战略价值这一关键议题，通过精心设计的多维度指标体系，以城市环境、医疗卫生、教育培训、社会保障、居民生活水平、就业、文化、交通和基础设施等多个方面，对海南省居民的生活状况进行了深入研究和全面评估。旨在呈现当前的现实，提出可行的政策思路，以推动自由贸易港的持续发展，为海南省提供宝贵的战略指导，使其能够在经济、社会和文化领域取得更大的成就，为居民创造更好的生活条件，并为全球自由贸易港的范例树立新的标杆。

本书可作为经济学、社会学、文化与旅游等专业领域学者和研究者参考，以及相关企事业管理人员的参考。

图书在版编目(CIP)数据

海南自由贸易港居民生活质量研究/ 李萍，潘颖颖编著. —上海：上海交通大学出版社，2024.1

ISBN 978-7-313-29073-1

Ⅰ. ①海… Ⅱ. ①李… ②潘… Ⅲ. ①居民生活—生活质量—研究—海南 Ⅳ. ①D669.3

中国国家版本馆 CIP 数据核字(2023)第 130140 号

海南自由贸易港居民生活质量研究

HAINAN ZIYOU MAOYIGANG JUMIN SHENGHUO ZHILIANG YANJIU

编　　著：李　萍　潘颖颖
出版发行：上海交通大学出版社
地　　址：上海市番禺路 951 号
邮政编码：200030
电　　话：021-64071208
印　　制：江苏凤凰数码印务有限公司
经　　销：全国新华书店
开　　本：710 mm×1000 mm　1/16
印　　张：11.5
字　　数：167 千字
版　　次：2024 年 1 月第 1 版
印　　次：2024 年 1 月第 1 次印刷
书　　号：ISBN 978-7-313-29073-1
定　　价：88.00 元

编 委 会

前　言 | Foreword

“潮起海之南，逐梦自贸港”，从 1988 年建省办中国最大的经济特区，到 2010 年批准建设国际旅游岛，再到 2018 年正式获批建设自由贸易港，海南岛作为中国南端的一块风水宝地，占尽天时地利，在社会主义现代化改革开放的发展大潮中，受到党中央、国务院的重视，一大批利好政策和建设红利发往海南，促使海南改革发展的步伐不断向前，始终站在改革开放的前沿。这是党中央对海南深化改革开放注入的强大动力，也是党中央赋予海南经济特区改革开放新的重大责任和使命。对海南而言，也是自建省以来将要面临的最重大的历史机遇和挑战。“共建自贸港，共享新海南”，习近平总书记要求海南要坚持以人民为中心的发展思想，不断满足人民日益增长的美好生活需要，让改革发展成果更多更公平地惠及人民。习近平总书记强调，要始终把人民利益摆在至高无上的地位，加快推进民生领域体制机制改革，尽力而为、量力而行，着力提高保障和改善民生水平，不断完善公共服务体系，不断促进社会公平正义，推动公共资源向基层延伸、向农村覆盖、向困难群体倾斜，着力解决人民群众关心的现实利益问题。自贸港建设为全世界创造了机遇，也为全海南人民带来了诸多利好的机遇。

如今，海南自贸港正处于如火如荼的建设阶段，四年来共签约或开工的建设项目 1 912 个，总投资 7 262 亿元。南繁、深海、航天“陆海空”三大未来产业发展取得实质性进展，11 个重点园区在投资、税收和外资利用额等方面成绩显著。人才方面，海南共培养了本地重点人才 993 人，引进全球优秀人才 43.2 万人次，中外籍院士人才 75 名以及 78 个院士创新团队，引进高层次人才 453 名，中组部另选派 415 名优秀干部到海南任职，为自贸港发展提供了最根本的建设保障。与此同时，海南的空气质量、生态环境、动植物物种资源等均处于全国领先水平，自贸港的发展成绩斐然，形势普遍稳中向好。

在此基础上，基于自贸港建设的政策背景和发展形势，海南省克里斯瑞家(Chris Ryan)院士工作站聚焦于"海南自由贸易港建设背景下海南居民生活质量测评"这一重要课题，组织学生成立调研组，于 2021 年 12 月底开始，历时四个多月，深入海口、三亚、琼海、万宁、陵水五个具有代表性的中大型城市，针对不同年龄、性别、身份的海南居民进行了问卷调研与实地访谈，共回收了 1 264 份有效调研问卷，67 组深度访谈记录，最终通过整理和分析，形成本书，旨在反映实际情况、群众心声的同时，为自贸港建设在提升海南居民生活品质和幸福指数等方面提出建设性的建议，更好地为落实习近平总书记"发展为了人民，发展依靠人民，发展成果由人民共享"的精神提供参考依据，助力海南省委、省政府建设以人民为中心的自由贸易港。

由于水平有限，书中难免存在疏漏和不当之处，恳请读者批评指正。

2023 年 6 月

目　录 | Contents

第一章 绪 论

第一节 研究背景

习近平总书记指出:“支持海南逐步探索、稳步推进中国特色自由贸易港建设,分步骤、分阶段建立自由贸易港政策和制度体系。这是党中央着眼于国际国内发展大局,深入研究、统筹考虑、科学谋划做出的重大决策。”在这一背景下,中共中央、国务院印发了《关于支持海南全面深化改革开放的指导意见》《海南自由贸易港建设总体方案》等重要文件,支持海南建设具有中国特色的自由贸易港,并对建设海南自由贸易港做了全面部署。

在海南自由贸易港建设的大背景下,海南省目前在以下 8 个方面有了显著提升:① 主要经济指标历史性地走在全国前列;② 高质量发展步入快车道;③ 自由贸易港政策落地加快;④ 生态文明建设取得新突破;⑤ 城乡面貌和治理水平显著提高;⑥ 民生社会事业取得长足进步;⑦ 重大风险防控化解有力有效;⑧ 政府自身建设呈现新气象。随着海南自由贸易港的建设,社会民生领域的短板弱项受到了越来越多的关注。政府通过深化改革,旨在不断增强人民群众的获得感。同时,海南的经济发展速度加快,且经济发展的效益得到了显著的提升,经济结构、投资结构都在不断优化。此外,人才、市场主体、企业等高速发展所需的各种要素也在海南汇聚。在自由贸易港的政策引导下,海南正呈现出欣欣向荣的全面发展态势。

习近平总书记指出:“江山就是人民,人民就是江山。”在历史的长河中,人民群众是社会历史的创造者。在当今社会,人民群众不仅仅是社会物质财富的创造者，还是社会精神财富的创造者。在自由贸易港建设中，海南省当地居民发挥着举足轻重的作用。有学者指出，政策需要得到当地居民的支持才能更好地发挥作用，实时了解居民的态度有助于更好地制定和执行政策，最终促进当地社区更好地接受政策。当地居民不仅是政策的参与者，更应该是政策的受益者。党和国家的中心都是人民，党的初心便是为人民谋幸福，全心全意地为人民服务。政策越能给居民带来幸福感，越能给居民带来真正的利益，那么后续居民参与和支持的可能性就会增加，这意味着居民对政策的态度是积极的。只有最大程度上保障海南本地居民的生活质量，并在利好政策的推动下不断提升本地居民的生活品质，才能更加有效地激励海南本地居民积极支持与投身自贸港建设，促使自贸港建设步入健康、良性发展的快车道。

进入新时代，我国社会主要矛盾已经转化为人民日益增长的美好生活需要和不平衡不充分的发展之间的矛盾。党的十八大以来，以习近平同志为核心的党中央高度重视加强社会建设，坚持以人民为中心的发展思想，围绕使人民获得感、幸福感、安全感更加充实、更有保障、更可持续，提出一系列新理念、新部署、新要求。党的十九届五中全会明确提出，到2035年基本实现社会主义现代化远景目标："人民生活更加美好，人的全面发展、全体人民共同富裕要取得更为明显的实质性进展。"习近平总书记在庆祝海南建省办经济特区30周年大会上的讲话中强调："海南要坚持以人民为中心的发展思想，不断满足人民日益增长的美好生活需要，让改革发展成果更多更公平惠及人民。"《中共海南省委关于〈国民经济和社会发展第十四个五年(2021—2025年)规划〉》和《〈二〇三五年远景目标纲要〉建议》中提出，至2035年海南"全体人民共同富裕迈出坚实步伐"。由此可见，党和人民的追求重心已经逐步从物质层面转向物质与精神层面并重，且越来越重视非物质层面生活品质的提升。

在此次研究中，我们选取了生活质量以及幸福感作为衡量居民生活水平的标准。根据文献计量学分析，在过去的20年里，关于生活质量的论文数量总体上有了显著的增加，这不仅意味着该研究领域正受到学术界的重视，而且也证实了以生活质量作为衡量标准的文章的可信度。

生活质量是对人民生活好坏程度的一个衡量，综合反映了居民对其生存和发展需要各方面的满意程度，也能体现一个国家或地区的经济发展水平和文明程度。吴（Woo），金（Kim）和乌伊萨尔（Uysal）在研究中也总结了类似的发现，即居民的生活质量与他们对物质（经济状况和生活水平）和非物质生活（健康状况、情感和社区生活）的满意度都有很大的关联。衡量生活质量的指标主要分为主观和客观两种。主观指标包括生活满意度等，而客观指标则包括收入、身体健康、生活水平等。客观指标的优势在于，它们通常可以被定义和量化，而不依赖于个人的感知。主观指标虽然没有恒定的标准，却能较为真实和准确地反映人们的实际幸福状态。从客观角度分析，国家的不断发展，居民物质生活水平不断提高，收入不断增加，居民的生活质量必定会得到相应的提升，但仅通过客观指标来衡量居民对当前生活的总体满意程度无疑是不全面的。将主观与客观指标进行有机结合才是本研究以及未来与生活质量相关的研究需要采用的方法。

总之，对生活质量的关注是社会全面进步的必然结果，是人民生活水平不断提高和人的全面发展的必然结果，同时也是社会经济发展的必然结果。海南自由贸易港高质量发展成效最终要以人民群众的生活质量来评判。居民作为建设海南自由贸易港的核心利益相关者，相对于其他利益相关群体，他们生活时间更长、接触社会的范围更广，其生活质量受到海南自贸港建设的影响最为广泛和深远。提高居民生活质量成为衡量高质量建设海南自贸港的重要目标和具体体现。对生活质量的研究有非常重要的现实意义。因此，为了对海南自由贸易港建设提供有效建议并构建突破性发展路径，有必要厘清海南自由贸易港建设对居民生活质量的影响机制与提升路径。

第二节　研 究 意 义

一、理论意义

（一）相关理论内容得到丰富

在过去的几十年中，国家致力于解决全国人民脱贫和部分地区温饱问题，发展重心更多聚焦在人均 GDP 以及人均可支配收入方面，目前已取得显著成效。而随着人们物质生活水平的不断提高，衡量生活质量的标准已经不能再局限于物质层面。因此，本书研究将采用较为全面的生活质量指标体系，来评估政策以及当地建设给人们带来的影响。既有研究衡量当地建设情况通常通过宏观视角，例如经济、基础建设，民生等。相比之下，本书研究将居民生活质量置于海南自由贸易港建设的具体评价情景中，从居民生活质量的微观视角深刻揭示海南自由贸易港建设的效果，突破以往对海南自由贸易港建设“现象—问题—对策”式的传统思路，丰富了海南自由贸易港建设的相关理论内容。

（二）多层次构建评价指标体系

本书研究从维度构成、影响机制和作用机理三个层面系统构建了海南居民生活质量评价的整体分析框架。尤其是从客观生活质量和主观生活质量两个层面系统构建了海南居民生活质量评价指标体系，并运用定性和定量研究方法全面分析了自由贸易港建设背景下海南居民生活质量现状和空间差异，是对居民生活质量评价理论体系和研究框架的有益补充，对未来海南居民生活质量的相关研究能够起到一定的借鉴作用。

（三）内在机理研究得到丰富

本书研究进一步从微观视角剖析居民生活质量的影响机制和作用机理，从居民个体和社会情景层面探寻影响居民生活质量的关键因素，分析居民生活质量对海南自由贸易港建设的支持态度和参与行为的影响，有利于打开居民生活质量形成机制的黑箱，能够更加科学有效地判断自贸港建设对居民生活质量的影响机制，是对居民生活质量形成内在机理研究的进一步深化和丰富。

二、实践意义

（一）生活质量评估方法得以完善

本书研究既是对党的十九大报告中提出的“实现人民对美好生活的向

往”的号召的积极响应，更是新时代人本主义价值观在海南高标准高质量建设自由贸易港实践中的具体体现。党和国家的中心是人民，党的初心更是全心全意为人民服务、谋福祉。随着人们生活水平不断提升，本书研究以评估海南当地居民生活质量为例，为未来评估全国人民的生活质量提供了更全面的方法。

（二）全面提高人民生活品质

本书研究根据党的二十大提出的“增进民生福祉，提高人民生活品质”的方针，不仅应该将目光放在人均收入以及恩格尔系数的改善，更应该将目光聚焦于生活水平的全面提升。党始终坚持在发展中保障和改善民生，鼓励共同奋斗创造美好生活，不断实现人民对美好生活的向往。针对党的二十大中提到的居民收入、居民消费水平、就业问题、社会保障体系、医疗、基础设施建设以及文化等方面，对于当地居民生活质量进行了较为详细且全面的分析，为未来研究居民各方面生活品质的提升起到一定的借鉴作用。

（三）精准有效提出针对性建议

本书研究通过定性和定量研究，客观地分析海南居民生活质量和发展水平以及不同区域之间的差异，找出影响居民生活质量的关键要素，进而精准有效地为自由贸易港建设进程中海南本地居民生活质量提升提供针对性的建议和具体的措施，有利于海南各级政府职能部门制订相关策略，对高标准高质量建设自由贸易港具有积极的现实意义。

第三节　研究过程与方法

一、研究过程

本书研究的研究过程可大致分为前期准备阶段、研究实施阶段以及后期总结阶段。前期准备阶段包括制定详细调研方案、建立相关文献资料库等工作。研究实施阶段包括定性和定量相关研究。定性研究通过采访方式收集数据,定量研究通过发放问卷的方式收集数据。问卷收集又分预收集和正式收集两个阶段。后期总结阶段包括数据录入、数据分析、结论总结以及相关建议等。

二、研究方法

根据研究的实际需要,本书研究采取了定性、定量相结合的混合型研究方法,具体采用的定性与定量的研究方法可以分为以下几种。

(一) 系统定量文献分析法

系统定量文献分析法作为一种新颖有效的文献分析法,使用系统的、可重复的、定性定量相结合的方法来收集分析和评价相关研究文献,弥补了传统的叙事文献方法与元分析之间的差距。在研究的前期阶段,本书研究利用该文献分析法,同时结合内容分析来系统地梳理居民生活质量的内涵与特征、构成维度、指标体系、测量方法等内容。该研究方法主要用于构建居民生活质量评价的理论分析框架。

(二) 半结构式访谈法

本书研究选取海南省不同城市居民共 67 人(海口、三亚、万宁、琼海、陵水、文昌、澄迈、儋州),展开半结构式深度访谈。基于扎根理论研究方法和 NVivo 分析技术,探索居民对海南建设自由贸易港的态度认知、居民主观生活质量感知、影响居民生活质量的因素等内容。通过考虑年龄、性别、阶层等个体因素,选取具有代表性的海南居民进行调研,进而从定性层面找出居民生活质量评价的相关要素,为下一步问卷调查和计量分析奠定基础。定性研究均采用半结构式访谈,研究过程如下。

1. 环境方面

关于环境方面的研究,调研小组于 2022 年 6 月至 2022 年 7 月,共完成 12 组访谈。该方法为受访者提供了表达有关城市环境质量观点的思路和指引,有利于面向更为广泛的受众群体,从而帮助研究人员收集到更为普遍、更具代表性的信息。采访共选出 12 个行业具有代表性的研究样本(a1—a12),受访者年龄范围为 16～50 岁,包括大学教师、大学生、出租车司机、自由职业者等。采访通过电话、微信等方式进行,电话访谈时间基本为每人 30 分钟左右,在受访者知情并同意的前提下进行录音,后转为文字形式进行记录与整理,最终形成访谈记录。微信访谈则最终通过将聊天记录汇总成文字的方式形成访谈记录。

2. 医疗方面

关于海南居民对医疗现状及发展的认知研究,调研小组于 2022 年 6 月至 2022 年 7 月,共完成 10 组访谈。访谈形式包括街头访谈、实地访谈和电话访谈。访谈提纲在阅读相关文献并经过多次讨论后确定,包括受访者的健康状况、收入情况、家庭状况、最近一次的就医体验以及对海南医疗的数量、设施、服务态度的认知情况。平均访谈时间为每人 30 分钟,同时研究人员根据被采访者的反应进行了部分附加问题的追问,获取文字数据 34 000 字。10 组访谈对象的年龄范围为 19～66 岁,受访者不仅有不同职业的海南居民,也有专业的医疗人员,力求从全面的视角展示海南的医疗现状。为了方便数据分析,设定医疗板块总编码为 b,研究人员将 10 组访谈按阿拉伯数字 1～10 进行编码,后文中引用访谈内容也将以编码代替具体人名。

3. 教育方面

关于教育方面的研究,调研小组于 2022 年 6 月至 2022 年 7 月,共完成 10 组访谈。根据海南省教育建设现状与海南教育行业发展重点,经过小组成员分析讨论后制定访谈提纲。受访者根据人口统计特征的年龄、关注教育的阶段、所处区域进行区分,最终编号为 c1—c10。受访者年龄范围为 19～41 岁,包括大学教师、国企员工、研究所职员以及自由职业者等。访谈时间基本为每人 30 分钟,在受访者知情并同意的前提下进行录音,后转为文字进行记录与整理,最终形成访谈记录。

4. 消费水平、社会保障及就业方面

关于消费水平、社会保障及就业方面的研究,调研小组于 2022 年 5 月至 2022 年 6 月,共完成 13 组线上访谈。本部分研究共采访 13 名受访者,并将其编号为d1—d13。受访者年龄范围为23～58岁，包括应届毕业生、大学教师、事业单位员工、企业经营者、酒店行业从业者等。受访者尽可能覆盖各个行业，以此确保访谈结果有较高的信度和效度。访谈通过电话、微信等方式进行，电话访谈持续时间约为每人30分钟，在受访者知情并同意的前提下进行录音，后转为文字形式进行记录与整理，最终形成访谈记录。微信通过汇总文字信息材料形成访谈记录。访谈记录汇总提炼后获取文字资料约60 000字。

5. 文化方面

关于文化方面的研究，调研小组于2022年6月至2022年7月，共完成12组访谈，其中有5组访谈采用电话访谈形式，平均每组耗时35～40分钟，在取得受访人同意的前提下录制音频资料约200分钟，转录约为51 000字的文字资料；另外7组采用街头随机抽取海南居民接受访谈，每组耗时约30分钟，获取文字数据13 111字。12组访谈对象尽可能广地囊括了年龄范围和职业范围，受访者年龄范围为18～72岁，包括律师、政府部门工作人员、高校教师、大学生、研究生、事业单位工作人员以及旅游行业从业者，包含了海南本土居民与海南外来移民(已落户海南)两类居民，力求涵盖多个视角下海南居民对文化的观点与看法，反映最真实客观的海南文化现状。在前期数据搜集完成后，对文本数据进行了编码分析，为方便整理和分析数据，设定文化板块总编码为f，编者将12组访谈按阿拉伯数字1～12进行编码，后文中引用受访者语言也将以编码代替具体人名进行阐述分析。

6. 交通基础设施方面

关于交通基础设施方面的研究，访谈提纲以海南省交通基础设施建设现状与海南交通运输业发展为关键切入点，并对海南交通运输与居民生活质量的相关性及影响进行了研究，该提纲经由小组成员分析讨论可行性后制定。调研小组于2022年6月至2022年7月，共完成10组访谈，访谈时间基本为每人30分钟，在访谈者知情并同意的前提下进行录音，后转为文字形式进行记录与整理，最终形成访谈记录。受访者年龄范围为20～43岁，包括公务员、环卫工人、服装店老板，企业高管、设计师、大学生以及大学教授等。研究人员根据受访者的个人信息差异对其进行编码,以便深入分析和整理,编码形式为 e1—e10。

表 1-1 受访者信息总表

序号	性别	年龄	职　　业	所处区域	受访者编码
1	女	28 岁	大学教师	海口	a1
2	男	21 岁	大学生	海口	a2
3	男	21 岁	大学生	海口	a3
4	女	20 岁	大学生	海口	a4
5	男	50 岁	出租车司机	三亚	a5
6	男	30 岁	大学教师	海口	a6
7	女	25 岁	博士生	海口	a7
8	男	32 岁	英语行业从业者	海口	a8
9	女	16 岁	高中生	儋州	a9
10	男	21 岁	酒店实习生	三亚	a10
11	女	35 岁	自由职业	三亚	a11
12	男	40 岁	个体职业	海口	a12
13	男	66 岁	退休职工	三亚	b1
14	女	48 岁	企业员工	文昌	b2
15	男	26 岁	企业员工	海口	b3
16	男	42 岁	急诊医生	海口	b4
17	女	34 岁	自主创业	海口	b5
18	女	30 岁	自主创业	海口	b6
19	女	21 岁	大学生	海口	b7

续　表

序号	性别	年龄	职　　业	所处区域	受访者编码
20	男	60 岁	退休职工	海口	b8
21	女	20 岁	大学生	三亚	b9
22	女	19 岁	大学生	海口	b10
23	男	36 岁	大学教师	海口	c1
24	女	38 岁	国企员工	文昌	c2
25	女	32 岁	自由职业	三亚	c3
26	男	29 岁	私企员工	海口	c4
27	男	21 岁	大学生	陵水	c5
28	男	41 岁	研究所职员	海口	c6
29	男	38 岁	律师	海口	c7
30	女	19 岁	大学生	儋州	c8
31	女	30 岁	国企员工	三亚	c9
32	女	25 岁	自由职业	三亚	c10
33	女	23 岁	应届毕业生	海口	d1
34	男	30 岁	大学教师	海口	d2
35	女	32 岁	服装店老板	海口	d3
36	女	23 岁	应届毕业生	三亚	d4
37	男	36 岁	精品店老板	海口	d5
38	男	38 岁	大学讲师	海口	d6
39	男	58 岁	企业老板	万宁	d7

续　表

序号	性别	年龄	职　　业	所处区域	受访者编码
40	男	35 岁	酒店高管	三亚	d8
41	男	32 岁	英语行业从业者	海口	d9
42	女	47 岁	事业单位员工	海口	d10
43	男	50 岁	事业单位员工	海口	d11
44	女	30 岁	英语行业从业者	三亚	d12
45	男	26 岁	酒店员工	三亚	d13
46	男	36 岁	公务员	海口	e1
47	女	32 岁	环卫工人	海口	e2
48	女	31 岁	服装店老板	澄迈	e3
49	男	29 岁	交警	三亚	e4
50	男	27 岁	餐饮店经理	海口	e5
51	男	39 岁	政府部门人员	海口	e6
52	男	52 岁	企业高管	琼海	e7
53	男	30 岁	设计师	三亚	e8
54	女	23 岁	应届毕业生	海口	e9
55	女	45 岁	大学教授	海口	e10
56	女	18 岁	大学生	海口	e11
57	女	19 岁	大学生	海口	e12
58	女	37 岁	高校教师	海口	f1
59	女	40 岁	高校教师	三亚	f2

续 表

序号	性别	年龄	职　业	所处区域	受访者编码
60	女	21 岁	大学生	海口	f3
61	男	43 岁	高校教师	海口	f4
62	男	36 岁	律师	海口	f5
63	男	37 岁	律师	海口	f6
64	女	32 岁	事业单位工作人员	三亚	f7
65	女	26 岁	公务员	海口	f8
66	男	20 岁	大学生	海口	f9
67	男	40 岁	旅游行业从业者	三亚	f10

（三）问卷调查法

本书研究还设计了科学的调查问卷。这一方面是为了探求海南自由贸易港建设背景下居民主观生活质量的感知水平，另一方面主要是通过结构方程模型深入分析海南居民生活质量的形成机制及作用机理。

问卷主体主要分为四个部分。第一部分内容围绕居民对于自贸港建设的认知，其中包含居民对自贸港政策的了解程度、居民对于自贸港建设的参与程度以及贡献程度；第二部分内容围绕自贸港建设给居民生活质量所带来的影响，主要从经济、社会文化以及环境三个方面来展开；第三部分内容则包含居民整体生活质量评估、地方依恋、幸福感以及基于以上三者综合考虑对于自贸港政策的支持程度；第四部分内容主要是收集受访者信息，其中包括性别、学历、职业、年龄、收入水平等基本信息。

问卷设计参考国内外学者调查问卷及结论总结，并根据中国国情及自贸港建设情况作了重要改动。第一部分对自贸港的认知，三个板块分别参考了阿尔瓦(Alba)与哈钦森(Hutchinson),查奇科夫斯基(Zaichkowsky)以及瑞斯布特(Rusbult)、梅茨(Martz)与阿格纽(Agnew)的研究。第二部分自贸港建设对居民生活质量的影响主要参考了 Stylidis 等的研究,并同样将影响划分为经济、社会文化以及环境三个方面。第三部分居民整体生活质量的评估、幸福感及自贸港政策支持程度参考了吴(Woo)、金(Kim)、乌伊萨尔(Uysal)和迪纳(Diener)等的研究,而地方依恋部分则参考了 Boley 等的研究。问卷共 50 个问题,其中包含量表的问题 42 个(28 个核心问题)以及受访者信息相关问题 8 个。

本书研究问卷调查分为预调研和正式调研两个阶段。调研群体为海南省各城市居民,其中包含海南本地居民、在海南省长期居住的人群以及未来计划在海南省长期居住的人群。预调研阶段,调研小组在海口抽取大约 300 名居民进行了问卷调查,共回收有效问卷 282 份。经过一系列修正后,正式大规模调研于 2022 年 1 月 1 日至 2022 年 1 月 20 日展开,分别在海南省海口(320 份)、万宁(220 份)、琼海(220 份)、陵水(220 份)、三亚(320 份)5 个城市,随机抽取 1 300 名居民进行问卷调查。正式调研期间共发出问卷约 1 300 份,最终收回有效问卷共 1 266 份,问卷回收率约为 97.38%。所有问卷均为线下收集,收集后通过问卷网统一导出数据。

第四节 研究框架

本书研究遵循"问题提出—理论构建—现状评价—影响机制—作用机理—提升路径"的总体思路安排研究内容(见图 1-1),并进一步将本书分为八个板块,分别为导论、国内外生活质量研究现状辨析、海南城市发展问题分析及历史回顾、国内外居民生活质量指标体系设计、海南省城市居民生活质量定性分析、海南省城市居民生活质量定量分析、提升自贸港居民生活质量相关建议、重大事件对于海南居民生活质量的影响,本书围绕这八个板块展开了详细的论述。

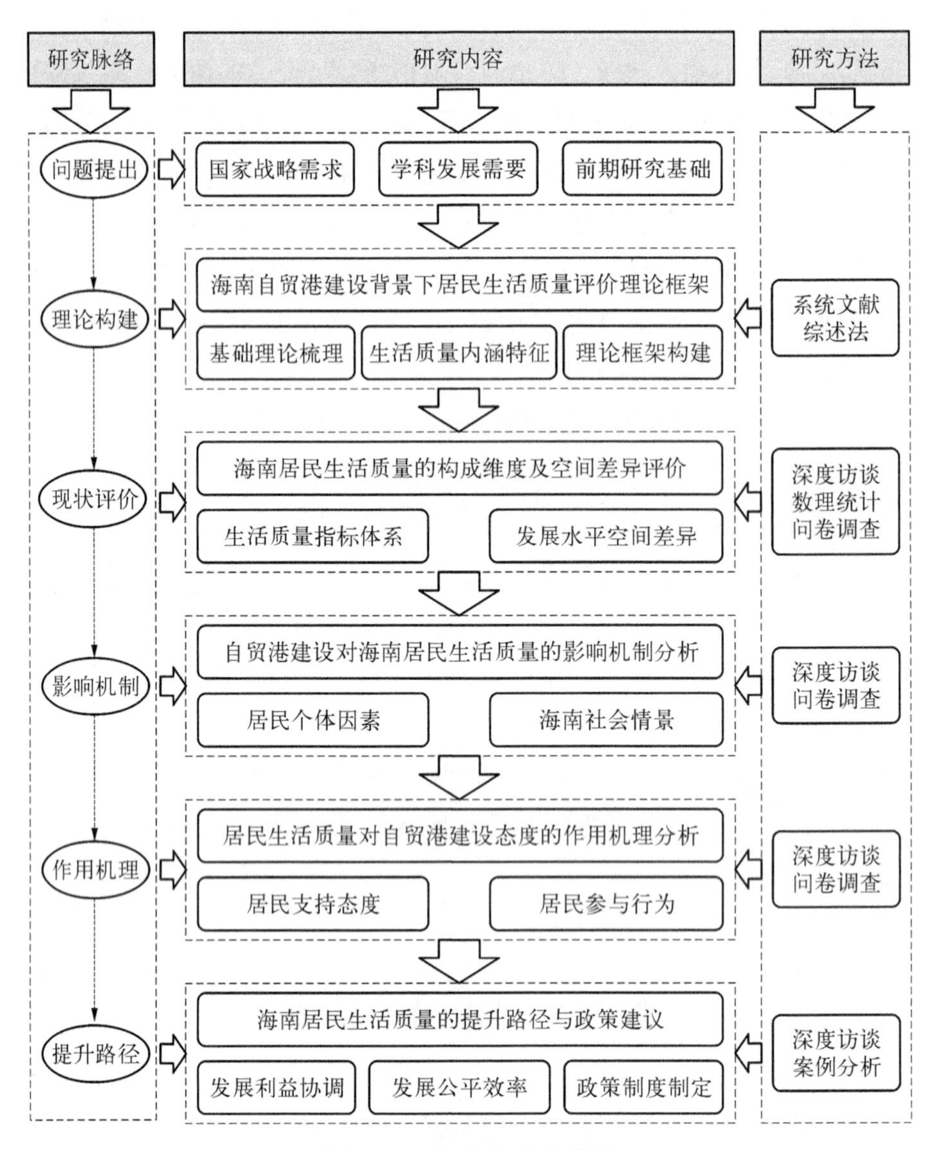
研究脉络
研究内容
研究方法
问题提出
国家战略需求
学科发展需要
前期研究基础
理论构建
海南自贸港建设背景下居民生活质量评价理论框架
基础理论梳理
生活质量内涵特征
理论框架构建
系统文献综述法
现状评价
海南居民生活质量的构成维度及空间差异评价
生活质量指标体系
发展水平空间差异
深度访谈
数理统计
问卷调查
影响机制
自贸港建设对海南居民生活质量的影响机制分析
居民个体因素
海南社会情景
深度访谈
问卷调查
作用机理
居民生活质量对自贸港建设态度的作用机理分析
居民支持态度
居民参与行为
深度访谈
问卷调查
提升路径
海南居民生活质量的提升路径与政策建议
发展利益协调
发展公平效率
政策制度制定
深度访谈
案例分析

图 1-1 研究技术路线图

第二章 文献综述

第一节 居民生活质量的理论研究回顾

改革开放以来,我国经济发展取得的成就举世瞩目,作为全球第二大经济体,我国经济地位和发展水平已经进入前所未有的新时代。全体人民共享经济发展成果、提升居民生活质量与人民幸福感已成为决策层关注的焦点问题。我国立足于保障与改善民生的新的历史起点,积极部署、统筹规划、科学推进乡村振兴战略实施,目前已经取得初步成效:城乡居民收入保持增长,居民消费水平日益提升,居民生活环境日益改善,社会保障体系覆盖城乡,城乡基本医疗体制逐步建立,“三农”问题更加得到重视等。

我国着力构建良好市场氛围,积极营造安全、便利的消费环境,居民消费潜力得到有效释放。居民消费逐渐由生存型向发展型升级,各项消费支出持续增长,饮食结构更加科学,居住条件不断改善,耐用消费品升级换代,生活质量明显提高。根据历年《中国经济生活大调查》数据,2006 年中国人自我评价生活幸福的比例为 59.1%,之后逐年下降,2010 年为 44.7%,2014 年则仅为 40%。收入的持续增长并未转化为幸福感的持续上升,而是呈现类似 Easterlin 提出的西方发达国家的“幸福—收入之谜”现象。因此,研究国内外生活质量现状对于分析自贸港建设背景下居民的生活质量,并将其作为新时代下居民生活幸福感知度的参考具有现实意义。

居民生活质量是在一定的社会条件下,居民在物质生活、精神生活、身体状况、社会环境中所处的状态及居民自我感受的总和。该研究部分的目的是深入系统地研究国内外居民生活质量的基本内涵、评价指标，以探索海南省居民生活质量改善所面临的机遇与挑战，构建一套相对客观的居民生活质量评价指标体系，从而为海南省居民生活质量研究的后续探索提供参考。

根据荷兰和西班牙学者的学术研究，生活质量（quality of life，QOL）是指人们生活的总体幸福感，从根本上说是通过客观和主观幸福感的概念来构建的，其中，客观幸福感是通过生活质量的量化指标来衡量的，而主观幸福感是通过主观指标来衡量的。

奥格本·威廉·费尔汀（Ogburn William Fielding）是最早研究生活水平的人。在1933年胡佛研究所（Hoover Institution）相继发布2部《近期美国社会动向》，述说了当地居民的日常生活。在之后的二三十年，他的学生在"社会动向"研究方面又发表了很多著作，并且该研究渐渐形成两大方向：社会因素和生活水平。1958年，加尔布雷斯·约翰·肯尼斯（Galbraith John Kenneth）的著作《丰裕社会》内出现生活水平一词，揭示了美国居民虽然有较高的生活水平，但心理需求和社会安全方面得不到满足的矛盾现象。此后，众多学者关注到生活水平，并逐步变成专门的研究范畴，生活水平涉及的指标和统计方法得到广泛探索。1961年，Ehrlich通过随机抽样的方法探讨美国居民的心理状态和生活满意度。此后，欧洲、亚洲等地陆续展开关于生活质量的研究。随后，安格斯·坎贝尔（Angus Campbell）根据抽样调查的方法，建立感受指标模型，该模型的核心是考察居民在日常生活中对所涉及指标的满意情况。也是在这一年，霍夫特纳（Hofftnan）和劳特纳（Lautner）的论文集也提到各国陆续加入探索生活质量的道路。1990年初，依安等人陆续提出提高人类福利才是社会进步的最终目的。尽管资本主义社会人均生活品质较高，但后续所产生的各类社会问题也促使了人们对生活质量的进一步研究。在过去的几十年里，生活质量研究是社会、行为、环境和政策科学的一个新兴研究领域。它被认为是最早起源于经济学和社会学的社会指标运动的一个分支。社会指标运动背后的动力是基于这样一个前提，即传统的社会发展经济指标不能等同于更重要的发展指标，这些指标捕捉了主观幸福感（如需求满足、生活满意度、感知的生活质量、幸福或生活实现）。

西方国家的学者鉴于经济的飞跃式发展带来了物质生活的富有，但同时也带来了生态环境的恶化、人际关系的淡漠、劳动和生活节奏的过度紧张以及犯罪等社会问题的增加，因而对生活质量的内涵予以反思，并将生活质量的研究转向对人们生活体验等主观指标的研究。1957 年，古瑞等人在美国首次进行了具有重要意义的生活质量调查，内容与精神疾病和健康有关，具有明显的精神健康取向。20 世纪 60 年代后，研究内容逐渐由精神健康转向更宽广的领域：既有情感、心理健康的研究，也包括对认知层次满意程度的研究，对满意度的研究逐渐占据上风。1976 年，美国社会学家坎贝尔将生活质量定义为“生活幸福的总体感觉”，美国社会学家林南认为生活质量是“对生活各方面的评价和总结”。这些研究的特点是倾向开发用于测量生活质量的主观指标，如认为生活质量应包括认知、情感和反馈行为三个层面，即满意度、幸福感和社会积极性三方面。

斯坦吉尔(Stangierska)的研究表明，欧洲国家乃至整个世界的动态城市化使研究人员对城市人口的生活质量产生了理论和认知方面的兴趣。城市地区的生活质量越来越被认为是其居民生活质量的一个重要决定因素。城市生活质量(quality of urban life)的调查采用通用的测量量表(生活质量量表、美好生活指数、世界幸福报告)和新的研究工具，考虑到城市生活的特殊性及其条件。城市生活质量的衡量尺度除了普遍的生活质量指标外，还考虑到城市环境的具体方面，如自然、社会、建筑和经济环境的质量、城市和郊区绿地、公共空间和公共建筑、文化、休闲、教育、卫生保健、交通和运输等。这些方面与城市生活的具体特征有关，构成了人们普遍理解的便利性。通过迄今为止的研究得出的结论是，在探讨基础设施质量对城市居民生活质量的影响时，不仅应在一般水平上进行分析，而且应考虑到问题的多面性：一方面，基础设施的个别元素对居民生活质量有着具体影响；另一方面，城市基础设施方面的异质性对城市各个地区居民生活质量同样存在影响。因此，这些分析既包括居民的主观感受，也应该包括与基础设施相关的生活质量问题的客观指标。

20 世纪 80 年代初，我国学者在人口、政治、资源国情背景下开展对生活质量的研究，并且初期是对生活质量的统计方法和指标体系进行研究。

随着改革开放和社会经济发展，人们在基础生存条件得到保障后渐渐转向思考怎样优化其结构。正因如此，各行各业的学者和机构均展开对生活质量的研究。1983 年，统计局制定关于社会要素的提要草案，声明自 1984 年起发表相关要素的调查数据。1986 年，我国展开对生活质量的系统研究，北京社科院一课题研究组指出“生活质量研究对生活水平高低的衡量是全面且具体的，不仅包括物质水平，还涵盖精神道德。”1987 年，林南按照在上海市的考察结果，设计出生活水平和指标因素的系统模型。1988 年，社科院制定评价城市全面发展的 5 组要素。2010 年，中国科学技术发展战略研究院在某些城市展开对居民环保意识的调研。

生活质量是在社会环境的制约和影响下，个体对自身生存状态的感知，是反映人们生活水平的一个重要指标。生活质量不仅是人们对整体生活水平的客观描述，同时也是权衡一个国家整体发展水平的重要标准。国外关于生活质量的研究是从 20 世纪中叶开始的，国内对于生活质量的研究起步较晚，但随着我国生活水平的不断提高，近几年研究者们开始关注生活质量的研究领域，各类群体的生活质量研究受到重视。

在生活质量研究的发展过程中，国内学者对居民生活质量做了较多研究，封顺义等分析了城乡居民基本养老保险对农村老年居民生活质量的影响。朱海艳等基于旅游恩格尔系数对我国城乡居民生活质量和幸福度进行跟踪实验，发现二者呈正相关关系，且回归拟合度较高。叶继红运用结构方程模型，对江苏集中居住区居民生活质量进行了评价分析。丁毅等研究了农村金融创新对我国居民生活质量的影响。付丽娟等分析了中国城乡居民的生活质量满意度。雷沁等对居民生活质量与经济发展的关系做了实证研究。封思贤等分析了数字金融对我国居民生活质量的促进作用。张晶渝等运用变异系数、空间自相关分析及地理探测器等方法，对重庆城市居民生活质量的主要影响因素及其作用机制进行了分析。然而，这些研究均从个体角度出发，从宏观角度以及不同地区、发展阶段的角度调查居民生活质量的研究仍然较少。因此，本研究从国内居民生活质量研究的现状出发，希望为相关研究领域做出贡献，并为海南自贸港后续发展提供科学性参考。

近年来，我国居民生活质量整体全面提升，特别是消费水平显著提高，消费结构明显改善。随着我国居民收入水平的大幅提高，解决温饱问题的生存型消费，逐渐向扩大再生产所必需的发展型消费和提高主观效用水平进行的享受型消费倾斜。同时，随着消费市场持续完善，公共设施覆盖率提高，农村居民从吃穿住用等方面的生活品质，到能够享受的医疗教育服务水平，都发生了巨大的变化。

人民追求美好生活的愿望是强烈的，消费结构升级是必然的，而收入是提高居民消费能力的关键。只有就业稳，居民收入才能稳，才能为消费提供不竭动力。因此应建立规范统一的劳动力市场，消除劳动力地域流动障碍，建立健全居民收入正常增长机制，提高工资性收入在居民收入中的占比，加大职业技能培训支持力度，鼓励平台经济创造更多新型就业形态，保障居民收入稳步提高。相关数据显示，国内生产总值增速和城乡居民人均收入增速基本同步，经济增长有效带动城乡居民收入水平提高。在新时代的社会主义背景下，我国的政策目标逐渐与提升生活质量相结合，满足居民对美好生活的憧憬，是发展民生的努力方向。

对既有研究的回顾结果表明，居民生活质量是一种对生存状态的定义，而对这个状态的定义取决于两个维度：一个是客观存在的状态，一个是主观即对当前生存状态的评价。对生活质量的研究兴起于 20 世纪 60 年代的美国，中国也在 20 世纪 80 年代以后开始重视社会指标和生活质量研究。

居民生活质量指标体系是一个复杂系统。指标体系遵循以下构建原则。

一是科学性。指标体系将建立在科学基础之上，指标的选择，指标权重的确定，数据的选取、计算与合成会以公认的科学理论（如统计理论、经济理论等）为依据，以较少的综合性指标，规范、准确地反映居民生活质量的基本内涵。

二是系统性。指标设置会尽可能全面地反映居民生活的特征，防止片面性，各指标之间将相互联系、相互配合，各有侧重，形成有机整体，从不同角度反映居民生活的实际状况。

三是动态性。提高居民生活质量既是目标又是过程，因此指标体系既要充分考虑居民生活质量的现状情况，又要能综合反映其动态发展趋势，便于预测和管理，同时，还要在一定时期内保持指标体系的相对稳定性，不会频繁变动。

四是可行性。指标体系应当是一个可操作性强的方案，含义明确、口径一致、可核算，具有动态可比性，保证指标比较结果具有合理性、客观性和公正性。

从学术研究的角度看，生活质量存在两种研究方向，一种是把生活质量的研究重点放在影响人们物质与精神生活的客观指标方面，即着重进行社会指标的研究。另一类生活质量研究，则偏重于对人们主观生活感受方面的研究。其理论依据是高收入并不意味着高质量生活，富裕并不等于幸福。

在以真实、全面地评价本地区居民生活质量为目的的基本前提下，各地学者都根据当地的不同特点具体问题具体分析，因地制宜地制定了适合当地发展的生活质量指标体系。

第二节　国外居民生活质量指标体系

在对居民生活质量的测量与分析中，国外大多应用了各种不同方面的社会指标。一个国家同时存在多种生活质量分析模式的情况不可胜数，每个城市也可以拥有自己独特的生活质量指标体系。这些不同国家和地区的生活质量的指标体系都有着各自不同的侧重点，这本身也符合各个国家或地区的个性原则。本书研究通过列举美国、德国、加拿大的多种生活质量指标体系，向读者展示各国的生活质量评定标准，并为海南自由贸易港居民生活质量指标体系的建立提供借鉴。

一、美国

在过去的 50 年中，美国学者从未停止对生活质量指标体系的探索和研究，影响后世的宏观生活质量指标体系多达数十个。除了采用学科融合和多视角的构建方式之外，大多数研究生活质量的美国学者认为研究不应该仅仅停留在经济层面，随着社会的进步和人类的发展，社会和环境相关指标也应该进入该领域的研究视野。

（一）以社会学为基础的生活质量指标体系

1. 物质生活质量指标体系

美国海外发展委员会在 1975 年提出由平均预期寿命、婴儿死亡率和识字率这三个社会普遍关心的问题组成的物质生活质量指标体系，这是一个通过测量国家人民的营养、卫生保健、国民教育等物质福利领域进步状况从而综合衡量生活质量水平的指标体系。该体系中涉及的指标在国际范围内仍然具有可比性，被誉为确定和检测一个国家发展战略目标的有效工具，因为其中的每一个指标都反映出社会在基本需求方面的诸多特征，这一指标为后来的联合国人类发展报告提供了有益的启示，成为人类发展指数的前身。

然而，从现代的视角分析这一体系，发现存在两点缺陷：其一，该指标体系对于唯经济论矫枉过正，片面侧重社会指标而忽视经济指标；其二，该指标缺乏相应的理论基础。

2. 埃斯特斯社会进步指数

1984 年，美国宾夕法尼亚大学的埃斯特斯教授在国际社会福利理事会的要求和支持下提出了涉及 10 个社会经济领域并包含相应的 36 项指标的埃斯特斯社会进步指数。该体系涉及的 10 个领域分别为教育、健康状况、妇女地位、国防、经济、人口、地理、政治参与、文化、福利成就。通过指标的标准化处理，采用简单平均方法进行综合评价，以测定一个国家的社会进步状况。社会进步指数同样具有广泛的应用范围，不仅可以在不同国家、地区间灵活应用，也可横向比较一国内部不同地区间社会发展水平，还可动态比较一国不同时期的发展水平。

与物质生活质量指标体系相比，埃斯特斯社会进步指数的计算在社会经济领域运用及指标的选择上也更为广泛，因而能在一定程度上全面反映一个国家的社会进步状况。这一指标体系的局限性在于各子领域指标选择的不平衡性。

(二) 以经济学为基础的生活质量指标体系

1. 真实发展指标

1995 年国际发展重新定义组织为衡量一个国家或地区的真实经济福利状况，提出了以传统国民经济核算框架为基础，包含社会、经济和环境三个账户及 26 个子账户的真实发展指标。该指标通过分析子账户各自的效益和成本(产生效益的子账户为正因子，造成成本的子账户为负因子)，从而衡量区域的可持续发展状况。

真实发展指标在传统 GDP 指标体系的基础上，创新性地把家庭和社会劳动、经济、犯罪、收入分配、资源消耗、生态退化等环境、社会因素纳入测算流程。该指标的建立代表了一种全新的指标体系方向，使得人类对人类社会的理解从一个单纯的经济体系转到一个综合的社会体系，使人类对社会的理解更接近其的本来面目。然而，真实发展指标无法度量系统的协调性，在估算方法上也存在一些缺陷。

2. 幸福感指数

1996 年，伊萨卡大学的经济学家卡克皮尔 · 埃拉(Elia Kacapyr)建立了由生产力和技术、收入与就业、消费者心理、社会和物质基础、休闲这 5 个领域和 11 项具体测量指标组成的幸福感指数。为了使各月的幸福感指数具有可比性，卡克皮尔(Kacapyr)将 1990 年 4 月指标值定为 100。在指标的权重方面，赋予数值的权重与趋势线的复合度呈反比关系。这样的权重分配可以保证指标和要素同等同步变化，同时也可以很好地平衡各指标间的变化。除此之外，由于该体系的一些指标可以区分一项政策从投入到产出的过程，所以可以作为国家很好的政策导向和评估机器，有利于政策制定者制定相应的对策，从而促进国家的发展和提升国民的幸福。

(三) 以心理学为基础的生活质量指标体系

1. 消费者情感指数

20 世纪中叶，美国密歇根大学调查研究中心提出并建立了反映消费者信心强弱的消费者情感指数。这一指数由消费者满意指数和消费者预期指数构成。其中的子指标分别为对收入、生活质量、宏观经济、消费支出、就业状况、购买耐用消费品和储蓄的满意程度，对未来一年的预期，及未来两年在购买住房及装修、购买汽车方面的意向，对未来某一特定时间段股市变化的预期等。该指数可以量化消费者对当前经济形势评价和对经济前景、收入水平、收入预期以及消费心理状态的主观感受，并且可以综合反映、预测经济走势和消费趋向，是监测经济周期变化不可缺少的依据。从半个多世纪的实践来看，消费者情感和态度与关键的宏观经济指标密切相关，甚至可以预测未来的整个经济发展趋势，可以说是宏观经济中的一个重要的先行指标。

2. 迪纳初级和高级的生活质量指标

1995 年，美国伊利诺伊大学心理学家迪纳在马斯洛需求理论和施瓦茨七种价值范畴的理论基础上提出迪纳初级和高级的生活质量指标。这一指标体系的测量维度由初级、高级这两个相互独立的指标组成，旨在用客观生活质量的标准区分国家间的不同。初级指标适用于发展中国家，高级指标适用于发达国家。在迪纳看来，施瓦茨七种价值范畴包括控制力、情感和睦、智慧的和谐、平等的保证和等级制度等，从施瓦茨的价值范畴来看，他们基本上代表了人类生存的三种普遍要求：满足生理要求、协调社会合作、群体的生存和福利要求。施瓦茨列举了 45 个普遍的价值观，并把它们均匀地放在两个同心圆中，然后他把同心圆分为七个扇形区域，每个区域里放置一种价值范畴。迪纳把初级和高级两个变量放在每个扇形区域里，这样这些价值就和指标结合起来了。这两种指标的建构克服了迪纳之前指出的在生活质量指标建立中常出现的一些问题，比如指标的理论基础问题、测量维度与价值范畴的关系问题等。实践也证明，这一指标体系得到的数据能基本涵盖各国家间发展状况。

二、德国

德国学者对生活质量指标体系的研究从 20 世纪 70 年代开始，通过对德国已有的社会指标归纳总结，并结合生活质量研究在德国开展过程中发现的一系列主观性指标，形成了一套系统的体系。在最初选择主观生活质量测量指标时，德国社会科学者采用了“满意度”和“快乐度”这两个评价因子去考察德国居民的主观幸福感。这两种评价方式也成为之后德国测量主观生活质量的主要方式。随着研究不断深入,德国学者又陆续增加了对焦虑度、反常度等主观指标的设计和考察。这些主观的测量指标成为德国生活质量指标体系的有机组成部分。

2005 年,德国社会学家卡尔·曼纳海姆选取了人口、住房、健康等 14 个生活领域的 89 个关键指标,形成了简明的指标体系,以指标体系数据来描述德国居民生活质量的总体情况。该指标体系是目前在德国生活质量研究领域比较全面、详细的一套指标体系。

该指标体系较为全面地涵盖了德国生活质量研究的应有领域。指标的设置清晰、明确、综合、全面,基本反映了德国居民生活领域的全貌。创新设置的全球福利措施领域指标显示了德国生活质量指标研究领域的开放性和发展性。主观生活质量指标的加入保证了德国生活质量指标体系在结构上的全面性和完整性。14 个生活领域的关键指标体系提供了一套测量德国生活质量的有效工具。在此基础上,德国生活质量指标体系日益发展完善,并得到越来越广泛的应用。

三、加拿大

从 20 世纪 70 年代开始,加拿大学者逐渐关注对于生活质量指标体系的研究,研究视角也经历了由客观测量为主到主观测量的巨大转变。在关于生活质量指标体系的诸多著作中,基于社会、政策层面的生活质量指标体系研究开始较早、成果丰硕,这些指标体系也显著影响了加拿大社会发展福利与社会政策的制定。

(一) 加拿大咨议局综合指标体系

1996 年加拿大咨议局曾发表题为《政府绩效与潜能》的年度报告,这一报告中涉及的生活质量指标体系分为经济、革新、环境、教育与技能、健康和社会六大类,并在此大类基础上细分为 100 个子指标,旨在帮助加拿大决策者及时地了解如何从各方面维持、提高加拿大业已达到的生活质量。该体系以经济合作与发展组织成员国中在可持续发展指标方面最为出色的国家作为加拿大行政绩效测定的基准点，根据其制定的指标体系分别确定每一大类中绩效最好的 12 个国家并排序，然后在指标体系每一大类下评价这 12 个国家的相对绩效，通过对比来测量加拿大行政绩效。通过排序、对比和分析，加拿大可以推算出未来的发展趋势，并且讨论生活质量方面的公共政策应该关注的焦点问题，从而得出可行的发展建议。然而，这一体系存在的弊端在于它忽视了与居民最近的广大社区的参与，所以在一定程度上具有空想性。

(二) 经济福利指数

1998 年，加拿大戴尔豪斯大学的拉斯奥勃格(Larsosberg)和渥太华生活水平研究中心的安德鲁夏普(AndrewSharpe)在共同编制了包括有效的人均消费量、净社会生产资料存量积累、经济不安全性等维度，每个维度都下设若干指标以评估国家总体经济福利的发展趋势，帮助政策制定者明确问题所在并及时采取有效措施。

经济福利指数采取的方法在生活质量综合指数构建权重分配问题上有很大的创新性和启发性。除此之外，该方法可以应用于省、国家、国际三个层面的测量，有助于这三个层面的项目规划和政策发展。

(三) 加拿大政策研究调查网生活质量指标体系

加拿大政策研究调查网生活质量指标体系分为民主权利和参与、健康、教育、环境、社会系统和状况、社区、个人福利、经济和就业等主题和 40 个具体指标，涵盖了加拿大人生活质量各个方面的变化情况，旨在从公民的角度讨论公共政策的适配性和可行性。

该指标体系的构建采用的是自下而上的方式，无论是大类主题还是下设指标，都是经过居民协商并确认的，因此该方法在实施过程中具有较强的实践性和实用性，同时测量结果也较为准确，民众认同度高。然而该方法需要在全国 21 个城镇、城市内从各行各业抽取 2 000 350 人组成 40 个讨论小组初步确认各大主题，由专家确认大类指标后再由各小组进一步确认，步骤繁琐，耗时长，且成本消耗较大。

（四）加拿大幸福指数指标体系

在加拿大学者和一些国外专家联合组成的咨询委员会的共同研究下，加拿大幸福指数指标体系诞生了。加拿大幸福指数指标体系以一个概念框架为指导，将重点完全从经济转移到包括能提高人民生活福祉的其他关键领域，形成了由八个相互关联的领域组成的框架：民主参与、社区活力、教育、环境、居民健康、休闲和文化、生活水平、时间运用。整个体系的研制规模巨大、影响范围广泛，具有很强的借鉴意义。

根据加拿大幸福指数指标体系项目负责人的介绍，这套体系将为加拿大人民提供一套超越以往任何研究的更全面、更深入的指标体系，通过这套指标对生活质量的测量，来明确加拿大人现在是否过得比以前更好、是否留给后代一个更好的生活环境以及需要通过哪些努力来取得更好的成果。它着眼于整个国家层面，立足加拿大自身的文化价值观，能对加拿大生活质量评价进行深入的研究和探讨。加拿大幸福指数指标体系的构建采用的是双向互动路径，并且对指标体系中每一维度都进行了深入细致的研究，通过对以往研究成果和数据的搜集、整理，分别对每一维度的情况进行评价并且探讨未来发展趋势。目前民主参与、生活水平、居民健康、社区活力的报告已经发表，其他四个方面的报告正在研究探讨之中。

第三节　国内居民生活质量指标体系

和国外相比，我国对于生活质量指标的研究起步较晚，因此我国早期的居民生活质量的指标体系大多参考借鉴国外成熟的研究结果。然而完全照搬外国的模式不能很好地适应我国的具体国情，尤其是随着我国经济社会的发展，社会各方面也发生了翻天覆地的变化，照搬的指标体系更加不能适用于我国。所以近年来全国各个省市都在结合各自的实际情况因地制宜地制定更有利于自身发展的生活质量指标体系，且已经取得了诸多成果。

从宏观来看，国内有关客观生活质量的研究较多地集中在指标体系的建构以及运用上。比较普遍的情况是，不同研究者根据自己的理解，构建一套在维度、指标、合成方式、权重等方面均不完全相同的指标体系。同时，研究者采用自己的指标体系来对所关注的不同群体、不同地区进行生活质量的比较和排序。这方面研究存在的主要问题：① 这些研究所建构的指标体系互不相同，因而它们的研究结果相互之间难以进行合适的比较；② 这些研究通常采用相对宏观的、非个体的指标，往往只能用来进行样本状况的描述和比较，很少运用经验数据去探讨和分析影响客观生活质量的各种因素。

在主观生活质量的研究方面，则出现了以“生活满意度”为研究对象和以“幸福感”为研究对象的两大分支领域。由于这两个分支领域的内容都与人们的主观感受密切相关，研究中采用的方法也比较接近，加上一些研究者对二者的内涵、二者之间的联系和异同，以及它们与主观生活质量之间的关系等方面的认识还不够清晰，导致具体研究中同样存在一些不确切、不清晰、不一致的现象，在一定程度上影响了这方面研究的深入发展。

由于主观感受变量不易量化，国内在设计生活质量指标系统时以客观条件变量为主。我国研究者在借鉴国外已有成果的基础上，在我国人口、政治、资源、国情的背景下，制定了符合中国发展现状的指标体系。如罗萍设计的指标系统涵盖收入水平、房屋设施、消费水平、健康情况等。赵彦云等以 IMD 的全球竞争力评估指标系统为基础，设计了衡量生活水平的指标系统。该体系的基本内容涵盖 11 个部分，包括经济建设、城市出行、生命医疗、工资分配、教育水平、消费情况、信息普及度、就业率、失业保障、城市化水平和社会安全。张勇通过因子分子法评价我国 31 个省的生活质量情况，评价体系覆盖生存能力、文化教育、社会境况、家庭条件和交通通信。张玉春等以 NBSPRC 构建的小康社会监督指标系统为基准，运用综合指数方法从经济建设、社会和平等 6 个层面测度我国生活品质，并比较人们生活水平存在的差异。刘双艳等基于客观角度制定乡村生活水平测度指标系统，应用 PCA 刻画乡村生活水平的改变方向及演变趋势。

一、上海市

2009 年，上海大学的余宏博士出版了《上海城市居民生活质量研究》，该著作系统介绍了上海居民生活质量指标体系。在该指标体系中，上海市居民生活质量分为由生活质量要素构成的客观方面和以满意度和主观幸福感为主的主观方面。其中，客观方面的测量指标由6个大指标和37个分指标构成，6个大指标分别是社会保障与公平指标、生活消费水平指标、城市设施水平指标、城市环境质量指标、城市公共卫生指标和教育科技指标；主观方面的测量指标则由满意度和主观幸福感2个大指标构成。

二、四川省

2003年，四川学者通过开展对四川城镇居民生活质量的专项调查，着眼于四川全面建成小康社会经济的发展目标，结合已有的科研成果和四川城镇居民生活质量的实际状况，初步建立了衡量和评价四川城镇居民全面小康生活质量的科学指标体系。该体系分为三大类别：生活状态方面的指标体系、生活环境方面的指标体系、生活效果方面的指标体系。每一个大类下细分为一系列具体指标。

第四节　文献综述小结

对居民生活质量的理论研究和指标体系设计的文献回顾结果表明，一方面，居民生活质量与其生活区域的社会整体发展状况密切相关，要想设计居民生活质量的测量指标，就需要全面分析其所在城乡的社会发展状况。既有研究中用于衡量社会整体发展状况的指标包括经济、医疗、教育、物价等；另一方面，居民生活质量的主要受到城市环境、医疗、教育、收入水平、物价指数和精神文化发展状况等指标的影响。因此，本书研究接下来回顾、总结海南省社会的整体发展历程和现状，并在此基础上设计相应的居民生活质量测量指标。

第三章
海南发展状况分析与生活质量指标体系设计

第一节 海南发展历程回顾与问题分析

一、经济方面

(一) 海南经济发展历程回顾

海南省拥有独特的热带季风气候,四面环海,雨林充沛,丰富的自然资源和优越的气候条件,孕育出了发达的热带农业,享有“南海明珠”的美誉。

改革开放和社会主义现代化建设初期,海南建省并创办了全国最大的经济特区,走在了全国改革开放的前沿。1988 年 4 月 13 日,七届全国人大一次会议通过《关于设立海南省的决定》和《关于建立海南经济特区的决议》。4 月 26 日,海南省委、省政府挂牌成立,标志着海南正式成为独立省份。海南的改革开放之路从高点开始,席卷了海南社会生活的方方面面,海南的广大国企、私企、外商和本地居民以及来自全国各地的“闯海人”切实感受到了改革开放的强劲浪潮。

1988 年,海南率先进行省级机构改革试验,实行省直管县体制,极大地提升了行政管理效率。1991 年,海南率先推行全民所有制企业股份制试点,全面推进企业股份制改革。1991 年 5 月,率先实行粮食购销同价改革。1991 年 12 月,海南首次实行国有土地使用权公开拍卖。1992 年 1 月,海南首家证券公开交易场所开业。1992 年 1 月,开始实施省级统筹的社会养老、失业、工伤、医疗保险制度,初步建立新型的社会保障体系框架。1992

年3月9日，国务院正式批准设立洋浦经济开发区，中国首例外商投资成片开发区就此诞生；这一年，在房地产等多重因素拉动下，海南经济增速明显。2001年创办的博鳌亚洲论坛，为海南对外开放和经济发展提供了智力支持和无限商机。在此期间，海南经济发展也遇到过挫折，20世纪90年代中期，倒卖汽车带来的国家外汇损耗、房地产“烂尾”和金融信用危机的接踵而来，让海南陷入困境。1995年，海南的经济陷入低谷。但在中央和海南地方政府因地制宜的及时整顿下，海南经济发展最终重回正轨。

进入21世纪，海南建设国际旅游岛、中国特色自由贸易港，打造新时代全面深化改革开放的新旗帜。海南开展国际旅游岛建设后，充分发挥地方特色，不断创新旅游产品。与此同时，离岛免税政策、入境免签政策等一系列优惠政策快速推动了海南经济发展，海口、三亚、博鳌等地的免税店和购物中心相继建成，并且迅速入驻机场，形成了免税店下单，机场提货的免税消费模式，吸引了大量国内外游客前来旅游购物。2016年海南全省地区生产总值4 044.51亿元，按可比价格计算，比上年增长7.5%，其中第三产业增加值完成2 171.90亿元，增长10.1%。全年全省旅游业完成增加值310亿元，比上年增长10.9%。全年全省接待国内外游客总人数6 023.59万人次，比上年增长12.9%；旅游总收入672.10亿元，增长17.4%。海南国际旅游岛建设带动免税行业发展，为海南经济发展提供了机遇。

2018年4月13日，习近平总书记在庆祝海南建省办经济特区30周年大会上郑重宣布，支持海南逐步探索、稳步推进中国特色自由贸易港建设。“一带一路”建设让海南拥有了向世界舞台大步迈进，争取更多海外合作的机会。2020年6月1日，《海南自由贸易港建设总体方案》(以下简称《总体方案》)公布，标志着这一重大战略进入全面实施阶段。2021年6月10日，《中华人民共和国海南自由贸易港法》经全国人大常委会审议通过，为海南自贸港建设提供了法律支撑。海南省解放思想、敢闯敢试、大胆创新，积极推动政策落地见效，自贸港建设有序推进、锐意进取。

自海南建省、创办经济特区、建设国际旅游岛、自由贸易港以来，海南经济持续发展，经济总量不断扩大。经国家统计局统一核算，2021年海南全省地区生产总值6 475.20亿元，按不变价格计算，比上年增长11.2%。2018

年海南自由贸易港建设启动以来，海南省实际利用外资金额不断增长，于2021年达到约35.2亿美元。

随着宏观经济的迅速发展，海南城镇居民就业日益多元化，收入水平显著提升，收入渠道不断拓宽，人民生活水平得到了极大提高，经济红利切实落在了每一个海南居民身上。2020年海南省城镇居民人均可支配收入达37 097元；海南农村人口收入水平在科技兴农的助力下同样实现了高质量增长，2020年海南省农村居民人均纯收入16 279元。

海南经济是一部历经沧桑与磨砺，又充满勃勃生机与昂扬斗志的发展史。海南人民在党中央与海南党组织的正确领导下，奋斗拼搏，在新时代开辟了一条属于海南的经济发展道路。

(二) 海南经济发展问题分析

虽然海南经济近年来发展迅速，但在宏观经济取得显著进步的同时，海南经济发展存在的诸多问题也不容忽视。

第一，海南省的经济发展基础薄弱，经济总量在全国范围内仍相对较低。近年来，海南经济总量快速增长，与自身相比进步显著，2021年全省生产总值6 475.2亿元，按不变价格计算，同比增长11.2%，增长速度达到全国第一，但海南GDP总量在全国各省份中位于倒数第四位。这表明海南经济基础薄弱，经济发展速度仍有待提高。究其原因，海南自身经济体量较小、发展起步较晚，在自贸港建设红利的作用下，虽然迎来了经济高速发展的红利期，但相较北京、上海、广州等超大城市而言，仍然存在明显差距。

第二，海南产业结构面临发展不均衡的现状，整体产业结构亟需转型升级以突破经济发展的束缚，实现更高水平、高速度、高质量的发展。农业作为海南的第一产业，受城镇化进程影响，出现了劳动力流失、部分农田荒废、土地生产零散等问题。而农业发展缺乏集中统一的企业承包土地，导致土地利用率较低，农业产出率甚至低于全国平均水平。

自古以来，受海岛独特地理位置的影响，海南的工业一直存在自身基础薄弱，受重视程度不高，整体发展受限严重，缺乏创新科技驱动力注入等诸多方面的问题。与地理条件相似的台湾岛相比，海南的工业开发起步晚、不够深入、整体水平不高。1950 年为发挥海南独特的热带气候优势，我国政府对海南农业扶持力度更大，加之当时经济条件较为困难，前期投入高、科学技术难度大的工业一直未得到充分发展。同时，由于对自然环境的保护和旅游业的开发等要求，海南也难以发展大规模的、易造成污染的重工业。

在采掘业方面，日本侵略者遗留下来的石碌铁矿等工矿业为海南工业发展奠定了一定的物质基础，但采掘业依托的自然资源已接近枯竭，矿业城市衰败，当地政府不得不加速推进产业转型升级。从 20 世纪 30 年代一直开采至今的昌江石碌铁矿，目前 80%的铁矿石资源已被开采，自 2018 年，石碌铁矿进入从露天开采到地下开采的过渡期，当年铁矿产量下降 45%，全年净亏损 6.35 亿，之后虽有所好转，但仍面临资源枯竭的挑战。

海南省的发电业也面临供需对接不畅、消费市场与生产地分离、输电难度大、自然条件不利等多重困境。从经济地理的角度看来，海南经济圈是以环岛经济圈逐步向中部推进，如海口、三亚、万宁等主要的大中城市均位于岛的外缘，这些城市经济较为发达、人口集中、数量大，城市生产生活用电需求旺盛；从自然地理的角度看来，海南为热带季风气候，降水丰富，虽然为水力发电提供了良好的条件，但发电所需的地形落差这一条件也意味着能满足发电站地形要求的地区多以海南中西部山区为主，这些地区一般远离经济发达的市场，供需对接相对困难。海南岛年平均降雨量为 1 750 毫米左右，但降雨年内分布极不均匀，多集中在 5～10 月，约占全年降雨的 75%～86%，具有明显干湿季节，对持续发电不利。加之海南岛夏季多台风，台风时常使发电中断，造成大规模停电，阻碍了人们的正常生产生活，也影响了海南居民的生活质量。

在建筑业方面，海南经济特区创建以来的三十年间，产业结构大幅度倾向于房地产业和旅游业，兴盛繁荣的房地产业客观上极大地带动了海南建筑业的发展。但近年来，中央和海南政府为促进海南房地产业良性发展，规避二次房地产泡沫出现、保护海南生态环境，正在加强对海南房地产业尤其是商品房建设的管控，建筑业市场资源正在逐步收紧，业务承载量大规模减少，发展势头日趋减弱。海南第二产业的发展面临整体转向。

海南拥有得天独厚的自然资源与气候条件，发展以旅游为代表的第三产业具有独特优势。海南旅游业自 20 世纪 90 年代兴起，发展至今已经在国内乃至国际旅游市场享有较高的知名度，但海南旅游要实现高质量发展仍存在诸多阻碍，也始终面临着旅游项目开发程度不高、挖掘程度不够、同质化倾向严重、经济效益不高、旅游专业从业人员不足、基础设施建设不足、服务质量参差不齐、游客体验不佳、回头率低等问题。

社会景观旅游中，大量旅游项目存在同质化问题，对游客的吸引力不强，旅游体验不佳。海南本地特色文化旅游项目开发较少，未能形成独一无二的文化旅游符号，甚至破坏了本具特色的城市历史遗留建筑。对海南本土的军坡节、公期等传统节日宣传力度不足，游客了解度低。走马观花式的团队游缺乏对文旅资源的深度挖掘，使游客的旅游体验停留在了表面。

在 2021—2023 年期间，大量游客涌入海南。众多游客在为海南第三产业尤其是旅游业带来巨大发展机遇、经济收益的同时，也加重了海南城市管理的压力和自然景观的维护难度。游客数量激增一定程度上超过了海南自然景观尤其是滨海景观的承载力，一度造成海洋垃圾激增、海水品质下降、沙滩景观及浅海海洋生态破坏等环境污染问题，影响了游客的旅游体验，降低了游客回头率和景区美誉度，也阻碍了海南旅游业的整体可持续发展。

海南服务业长期饱受质量不佳的诟病，主要原因是部分从业人员缺乏专业知识和基本的服务素养。旅游业的快速发展，使得旅游业及其相关服务业出现了较大的劳动力缺口，劳务报酬也往往高于其他行业，吸引了大量从事农业或自由职业的本地人口进入城市且转为从事服务业。此类人群普遍缺乏服务业从业培训，整体专业素质不高，难以满足岛外游客对服务质量的期待，甚至无法满足岛内常住人口尤其是“新海南人”的服务需求。这并不是人口素质的问题，而是服务业行业培训缺失造成的必然结果。

海南第三产业尤其是旅游业的市场化程度不足，缺少规模化的大型企业或集团进行资源整合。海南服务业的主体仍以散户个体经营为主，这对海南居民自主自由创业起到了积极作用，但是一定程度上也阻碍了海南第三产业向集群化、大型化、高速化发展。资源分散，市场规划不足导致海南第三产业整体生产效率不高，经济效益和市场化方向仍有较大的提升空间。

第三，政策落实程度有待提高，经济发展与人才需求矛盾日益凸显。按照海南自由贸易港建设总体方案，2025 年前，海南将围绕贸易投资自由化、便利化，推动各类要素便捷高效流动，适时启动全岛封关运作；2035 年前，海南将进一步优化完善开放政策和相关制度安排，全面实现贸易自由便利、投资自由便利、跨境资金流动自由便利、人员进出自由便利、运输来往自由便利和数据安全有序流动，推进建设高水平自由贸易港。

国家对海南自贸港建设的支持力度和政策开放程度是前所未有的，但在建设的过程中，由于受新冠疫情等多重因素的影响，仍存在政策落实不到位、国家政策与地方实际情况仍需磨合的状况。海南具有较强的地缘文化特色，本地居民的生活节奏较慢，经济高速发展所带来的生活节奏加快、物价上涨、交通拥堵等问题使部分居民有生活质量不增反降的感受，出现了海南人均收入水平提升速度与经济发展水平提升速度不成正比的情况。这显然是与经济发展政策初衷相背离的，根本原因是政策落实不到位、部分居民未能参与自贸港建设、自贸港的建设发展红利未能惠及全体海南人民。这也是世界各地在经济发展初期所经历的普遍问题，“蛋糕”做得不够大，自然就不够分。海南正在努力探索如何充分落实中央政策，直击发展改革过程中的痛点难点，坚决克服懒政怠政，提升政府部门办事效能，减轻人民群众政务服务困难，加强城市基础设施建设，以实实在在地提升居民幸福感。

在人才引进方面，海南出台了大量人才引进的政策，鼓励海内外人才来到海南，积极投身海南自贸港建设，做新时代的闯海人。但由于目前海南相比国内大城市和海外经济中心仍有较大差距，能为人才提供的保障不论是硬性经济扶持还是城市配套设施，从医疗水平到教育质量、城市交通建设、住房保障、人才房建设和房价等，都对外来人才吸引力不足，甚至对岛内本土人才的吸引力也不尽如人意，大量海南本地人才在本省或外省接受高等教育后选择走出海南到更发达的城市工作，造成了本地人才的流失。本地人才留不住，外地人才不想来，海南经济发展人才保障面临双重困境。

当然，经济发展从来不是一蹴而就的，在困境中找寻突破，在失败中积累经验，在发展中谋求更深层次的改革，相信在不久的将来，海南能以更高的经济发展水平、更合理的产业结构、更良好的营商环境，更丰富的人才储备、更科技化的新兴产业面貌出现在中国乃至世界舞台上。

二、交通方面

（一）海南交通发展历程回顾

海南的交通发展历史大致可以按照海南解放前后来划分为两个阶段。

在第一阶段，由于受到特殊的自然地理位置和政治格局影响，新中国成立之前的海南交通事业发展极为缓慢。近代以前，对外交通完全依赖水运，对内交通以不成形的乡间道路为主，政府所设立的官道实际也不成规模，基本与人民自发开辟出来的道路无异。

1950 年之后，海南全岛的交通发展进入了新阶段。1954 年 12 月 19 日，海榆中线全线建成通车，结束了海南中部五指山山区不通公路的历史。1988 年 4 月海南经济特区成立后，海南交通迎来了新一轮的发展高潮。

公路铁路方面，2010 年，原东线高速、西线高速、海口绕城高速和三亚绕城高速被统一命名为“G98 海南环岛高速”，形成海南高速环形闭合圈。2015 年 12 月 30 日，海南环岛高速铁路建成，极大地加强了海南各个城市间的联系，缩短了人员流动的时间，促进了海南环岛经济圈形成。

水运方面，依托海南岛四面环海，海岸线绵长的自然地理优势，海南水运四通八达，广泛联系着海内外的人员往来与货物运输。海南港口建设起步早，目前发展水平快速提升，已经建立起大型港口四个，分别为海口港、三亚港、八所港、洋浦港，兼有数个沿海小港，2020 年货物吞吐量达 19 895 万吨。海南港口区位优势突出，离城市尤其是工业区距离较短、运输效率高。

航空运输方面，新中国成立以来，海南民航业实现了从无到有，从有到优的历史性跨越。截至 2019 年 12 月底，海南已有民用航线 625 条，民用机场 3 个，2019 年海南省民航客运量达 3 901 万人次，承担了绝大部分进出岛人员的流通输送，已经超越铁路、水运，成为海内外人员进出海南岛的最主要、最便捷的交通方式。

2020 年的数据显示，海南铁路运营里程 1 172 千米，公路里程 40 163 千米，各类交通总计货运量 20 737 万吨，货物周转量达 36 943 757 万吨，客运量达到 9 735 万人次。

目前，海南省以环岛铁路为骨干、环岛公路为基础、水上环线为补充，以

"南北东西、两干两支"机场布局为依托,民航海口美兰、琼海博鳌、三亚凤凰、三沙永兴四座机场为岛内外人民架起了四通八达的"空中走廊",加快打造"城际高铁 1.5 小时通达圈""城际高速 2 小时通达圈""民航 4 小时 8 小时飞行经济圈",海南的交通事业积极探索构建海陆空齐头并进的现代化、综合化、立体化交通道路运输体系网,为海南人民提供更高质量的交通基础设施保障。

(二) 海南交通发展问题分析

海南城市建设起步较晚,发展历史较短,因此并未形成明显的城市空间结构,目前海南城市交通主要存在如下几个方面的问题。

第一,城市道路状况不佳,建设和维护水平有待提高。海南城镇化速度近年来显著加快,城市居民数量快速增加,城市交通所面临的压力也急剧上升,道路配套设施升级速度与城市发展速度不成正比,甚至出现了较为严重的脱节现象。以省会城市海口为例,主城区的道路,尤其是老城区的道路多为两车道或四车道,但随着海口城市规模的不断扩大和汽车保有量的不断提升,目前许多地区的道路规模已经不能适应城市交通的发展现状,时常出现高峰期严重拥堵情况。由于长期受到高温暴晒、昼夜温差较大等自然因素的影响,海南的道路经常出现破裂、凹凸不平的状况。同时,由于海南交通治理缺位,部分重型乃至超载的大型货车频繁违规出没各大城市的城区道路。重型货车对路面的碾压,是造成海南城市路面不可逆破碎凹陷的重要原因之一。路面破损大大降低了车辆通行时的体验,对居民车辆配件造成磨损,也不利于保持路面清洁卫生、暴雨天易导致路面积水,也容易引发与路面状况相关的交通事故和摔伤事故,这不仅对海南居民出行造成了不便,也损害了海南城市形象。

第二,城市公共交通发展不足。海南城市公共交通起步较晚,且由于特殊的地理位置和近海平面等原因,目前暂未建设地铁。当下海南城市公共交通的基础设施建设、发展水平、居民满意度仍有较大的提升空间。

首先,海南公共交通线网规划不合理,难以满足居民出行需求。海南省早期公共交通线路已不能有效满足当前民众的出行需求,但由于缺乏对民众需求的实地调研，导致海南公交线路在一定程度上脱离了居民需求，而依靠城市规划理论进行路线的补充变动。这种理论与实际情况之间的误差，导致海南城市公共交通出现线路重复、站点设置不合理、部分地区公交站点与公交线路缺位等问题。新城区缺乏合理的公交线路规划，居民对于公共交通的需求和期待不能被满足。部分人流量大幅减少的区域，公交线路并未随之进行及时调整，也造成了公共交通资源的浪费。

其次，政府对公共交通的重视程度和支持力度不足。当前，海南城市居民的出行方式仍以私家车、电动车等个人交通工具为主，公共交通不是海南城市居民出行的第一选择。"摩的"遍布海南各大城市，挤占了公共交通的生存空间，且提供的服务安全保障不足，对居民利益存在潜在损害。

最后，海南公共交通管理机制较为混乱。海南公交票价机制设置不合理，统一 1 元票价一刀切，未能因地制宜灵活设计分段式计价，加重了公交公司的运营负担，损害了其积极性。海南公交运营时间不规范、不全面。海南缺乏夜间公共交通满足居民夜间出行需求，海南城市夜生活的繁荣与夜间公共交通的缺失产生了极大反差。海南公共交通的运营时间不规范，缺乏统一严格管理，提前结束运营的情况时有发生。另外，公交车驾驶员薪资福利问题存在已久，人员流失严重。随着海南网约车事业急速发展，使得工作时间长、劳动强度大，收入反而更低的公交车驾驶员不断流失。公交车驾驶员感到利益受损，投入工作激情不足，而公交公司担忧人员流失，往往无法严格要求和管理驾驶员的服务质量，从而导致公共交通服务质量下降，居民满意度不高。

第三，电瓶车规模庞大，缺乏集中管理，干扰交通秩序。在海南各个市县，电瓶车替代了自行车成为居民出行最为便捷经济的交通工具。海南电瓶车保有量持续上升，几乎家家户户都有电瓶车，这已经成为海南城市街头的标志，海南也因此被称为"电瓶车"大省。海南的电瓶车规模最为庞大，但管理也最为缺失，交通事故频发，成为海南城市交通中极大的干扰因素，让海南居民和城市管理者"又爱又恨"。

一方面，海南电瓶车普遍缺乏运行牌照与责任约束。电瓶车无牌上路是海南城市交通中最为诟病的一大问题。在 2021 年实行电子证照之前，大量电瓶车以无证驾驶的状态穿行于海南街头巷尾，没有牌照某种程度上就意味着难以追责，“不用负责”的侥幸心理助长了交通违法，损害了城市道路上其他运行者的安全利益，也为城市管理尤其是公安执法造成了极大的不便。当电瓶车发生剐蹭或撞伤事件后，若肇事车辆逃逸往往难以追踪肇事人，这样的“不了了之”严重地降低了海南居民生活的幸福感和满意度，急需解决。另一方面，不少电瓶车车主法律意识淡薄，忽视交通法规。截至2022年9月，海南省内电瓶车上路仍无需驾驶执照。许多电瓶车车主交通法律法规意识模糊，不遵守交规，不佩戴安全帽，在行人与机动车之间见缝插针穿行的现象屡见不鲜，还有不少人以“摩的”为工具开展客运服务，是极具破坏性的潜在危险因素。

第四，交通拥堵严重。海南面临城市道路规模与发展速度不匹配、公共交通分担率低，电瓶车管理不规范且规模庞大等交通问题，使得当地交通拥堵较为严重。海口、三亚等主要城市交通拥堵呈现出典型的“潮汐”现象，即早晚高峰期交通拥堵最为严重，午间上下班拥堵压力略小，其余时间一般路面通行较为畅通。严重的交通拥堵增加了居民的通勤时间，影响了居民的生活满意度，也给交警执法带来了巨大的工作压力。与此同时，交通拥堵也影响着居民的住房选择。从理论上看来，良好的城市交通状况会促使居民更有信心选择离上班地点较远，但租金更低的住房，一定程度上能推动城市欠发达区域的发展，缩小城市内部的发展差距，促进城市整体发展水平上升，拉动区域均衡发展。反之，严重的交通拥堵将减少居民的远距离租房信心，不得不选择在更为昂贵的市中心住房，从经济上加重了居民的住房压力，对城市的各区域均衡发展不利。

三、教育方面

（一）海南教育发展历程回顾

1044年，海南出现了官办学府和书院。近代以来，在政府和海南当地仁人志士的努力下，海南兴办起了第一批近代教育学府，创造出了数个海南“第一”，为海南岛建设与发展培养了本土人才，也让越来越多的海南人民得到了受教育的机会。

自海南建省成立经济特区以来，海南教育事业迎来了全方位飞速发展的时代。海南省委省政府确立“科教兴琼”的战略方针，调整教育结构，深化教育事业改革，重点增加针对教育的财政投入，提供充足资金保障。教育财政投入逐年增长，人均教育事业费从1987年的23.93元增长到2016年的2 336元，增长了近一百倍；教育经费投入从2001年的25.66亿元增加到2015年的281.61亿元，增长10.97倍，年均增长73.16%。

升学率方面，海南省学龄儿童净入学率由2006年的99.81%升至2020年的99.93%；小学升学率由2006年的95.18%达到2020年的99.53%；高中升学率由2010年的73.0%升至2020年的92.60%，实现了极大的提升。

另外，海南省在大力发展公办教育的同时鼓励民办教育事业发展，为海南人民提供了多元化的教育选择。至此，海南教育事业各个方面都得到全面、迅速、均衡、健康的发展，取得了辉煌的成就，近年来初步建成了以基础教育、高等教育、成人及职业教育、特殊教育为主要板块的教育体系。

在基础教育方面，截至2020年，海南省共有127所高中，30 708位教职工，14 306位专职教师，初等教育普通小学1 379所，学前教育学校2 699所。海南省积极改善教学环境与教学设备，开展中小学危房改造工程。2006年底，海南省中小学D级危房全部改造完毕。在资金方面，海南省建立健全学生资助政策体系，资助家庭经济困难的学生。2008年，海南省教育厅设立了学生资助管理办公室，专门解决困难学生上学难的问题，促进相关资金及时拨款到位，实实在在地给予海南学子帮助，有效推动了海南义务教育普及，减少因贫失学现象。

此外，海南高度重视和保障贫困地区及少数民族学生受教育权利，不断出台相关政策以持续改善少数民族学生受教育条件。2006年，海南省昌江黎族自治县政府出资，以“民族寄宿班”的形式办学，实现教育贫困移民工程，极大缓解了少数民族学生教学条件差、师资不足、教育质量不高的问题，让更多的少数民族海南学子得到了优质教育。海南省在此基础上总结经验，于2008年与香港言爱基金会合作，建设教育扶贫移民工程思源实验学校。目前，全省已投入近14亿元，建设了3期共24所思源实验学校。

据2020年海南省统计年鉴显示，目前海南全省共有普通高中127所，毕业生 55 721 人，在校生总数为 81 850 人，专职教师 14 306 人。其中海口市有 36 所学校，在校生 51 469 人，其次为儋州市，共有 16 所学校，在校生 20 053 人。基础教育学校遍布全省每一个地级市，确保了海南当地学子都有就地上学的条件，极大地改善了过去教育资源仅限于海口市、三亚市的极端情况，促进了基础教育资源合理配置、逐步均衡。

在高等教育方面，截至 2020 年，海南目前共有高等教育学校 22 所，其中普通高等学校 21 所，教职工 18 154 人，专职教师 12 015 人。2020 年高等教育毕业生 59 484 人，招生数 89 522 人，在校生数 261 220 人。海南省已经建立了专科、本科、硕士及博士四个层次的人才培养体系，形成了理工农医师文财法、艺术等多科门类的教育体系，教学、科研上也屡结硕果。

在成人教育方面，截至 2020 年，中等职业教育中，全省总计在校生 123 339 人。教职工 5 653 人，其中海口市在校生达 72 461 人，教职工 3 420 人。

在公办教育蓬勃发展的同时，海南省民办教育也紧随其后，得到了长足发展。2020 年海南省民办高等教育学校总计 9 所，其中本科 3 所，专科 6 所，共计毕业生 18 683 人，招生 34 002 人，在校生 94 104 人，教职工 5 825 人；民办中等教育共 166 所学校，毕业生 24 868 人，在校生 92 347 人。民办幼儿园共有 2 084 个，在校生 185 947 人。海南民办教育为满足海南人民日益增长的多元化教育需求提供了丰富的选择，也为海南培养了一大批优秀人才。

在特殊教育方面，海南实现了从无到有，从有到优的巨大转折。截至 2020 年，海南共有特殊教育学校 14 所，除白沙县、昌江县、保亭县、琼中县以外的每一个市县都拥有一所特殊教育学校，充分保障了海南特殊教育群体受教育和走向社会的权利。

海南教育事业发展虽历经曲折，但在海南政府和无数教育工作者、仁人志士的努力下，教育的智慧果实洒满了这座具有勃勃生机的海岛。可喜的是，自由贸易港建设背景下的海南教育事业迎来了大规模、高层次、高水平的发展新格局，国家教育部明确把海南作为我国教育改革开放的四大支点之一，将海南上升为国家教育现代化战略重点，对海南教育给予全方位、大力度支持。教育部与海南联手打造国际教育岛，2018 年 4 月 13 日以来，全省累计签约引进 31 所国内外知名高校、51 所国内外知名中小学校落地办学，累计签约教育项目 110 个，累计开工项目 400 个，总投资约 300 亿元。其中，清华附中附小、北大附中附小、人大附中附小、北师大附中、北外附中、哈罗学校等一大批国内名校已经先后在海南建成招生，为海南基础教育向高水平发展注入了力量。陵水黎安国际教育创新试验区和三亚崖州湾科技城项目全面启动，一大批教育对外开放重大项目和境内外知名高校陆续落地。海南教育事业发展未来可期。

(二) 海南教育发展问题分析

海南教育正处于快速发展的阶段，但就目前而言，仍然存在许多不容忽视的问题，包括教学质量有待提升、师资不足、师资质量有待提高、教学配套设施不完善、教育资源严重倾斜至海口、三亚，学位紧张、中外合作办学尤其是国际学校政策划分不明确、高考移民现象时有出现等问题。本部分将延续前文中对教育类型的划分，即：基础教育、高等教育、成人教育及职业教育、特殊教育四个板块，按板块进行分类解读。

在基础教育方面，目前海南基础教育规模已经基本成型，蛋糕做大的同时一方面面临着如何提升教学质量，实现“从有到优”的转型升级；另一方面面临着如何促进教育资源合理配置，均衡发展从而“分好蛋糕”的问题。

目前，海南省基础教育存在教育资源严重倾斜，教学质量地区发展不均衡的问题。海南目前的基础教育学校绝大部分位于海口、三亚两座城市，全省 1 379 所普通小学中 157 所位于海口，116 所位于三亚；全省 410 所初中有 79 所位于海口市；全省 127 所普通高中有 36 所位于海口。这一方面是因为这两个城市规模大、人口数量多，因此拥有更多的学龄儿童；另一方面也因为目前海南民众和教育行业内部公认海口、三亚为海南教育的先锋模范，具有压倒性的教学质量优势，配备的师资力量更为雄厚，教学设施尤其是科技相关的教学设备更充足，导致教育资源和受教育者的虹吸效应，扩大了海南各个地区间教学资源分配的差距。

学校不仅看数量，更看教学质量。目前海南省教学质量地区发展严重失衡，琼中及西部地区教学质量不佳，导致部分学生外流至海口或三亚以寻求更好的异地教学资源，造成热门地区教育资源紧张，竞争加剧的情况。部分地区即使学校数量呈现优势，但在教学质量上仍处于劣势地位，亟需转型升级、提高教学质量。例如，根据2020年海南统计年鉴，儋州市的各级学校在数量上都与三亚市不相上下，甚至略多于三亚的学校数量，但是儋州市目前的教学水平与三亚市仍有较大差距。

海南基础教育还存在部分学科发展不佳、学生学科素养有待提升的问题，其中民众反馈最多、问题最明显的是英语学科。由于经济起步较晚，英语教育在海南省发展基础较为薄弱。随着改革开放和经济特区的设立，英语学科在海南的重视程度才逐步提升。由于普通民众缺乏英语练习与应用环境，同时适龄学生的父辈大多不具备良好的英语素养，因此家庭代际传递互动和社会环境互动双重缺失，导致海南基础教育阶段的学生对于英语学科的学习普遍停留在应试阶段，难以实现灵活运用。海南旧高考中英语科目出题具有一定的套路性，对语言本身掌握程度的考核并不突出，因此基础教育过程中的海南学子往往能够在考试中取得较好成绩。但是当学生们进入高等教育阶段，尤其是对于考入外省的海南学子来说，面临的英语学习压力陡增。基础教育阶段学科素养的培养不足增加了海南学生在后续更高水平教育中受教育的难度，真实反映了海南教育中部分学科发展不佳，学科素养有待提升，教学模式和考核方式有待灵活改进的现状。

1. 高等教育

海南省高等教育在1988年独立建省、设立经济特区后发展迅速，摆脱了昔日学校拆分重组混乱、教学时办时停的恶性循环，转而进行合理化重组，强强联合增强学校竞争力，促进校际互利共赢；同时积极发展专门学校，建立起除综合性大学之外的医、农、商、警等专业学校高等教育体系。在发展过程中，也面临着一些难以回避的问题。

(1) 培养计划与社会人才缺口存在错位，造成人才流失和就业困难。目前海南高等教育学校中仅有海南大学一所211高校，整体水平仍有很大的提升空间。海南高等教育学校的专业开设存在针对性不强、实用性不足、教育目标与人才缺口错位的情况。海南省高等教育规范发展的历史并不长，在专业开设等方面多以学习和借鉴中国内陆城市教育先进地区和学校为主，一定程度上忽略了海南本地的实际情况，没能做到因地制宜、合理转化。目前海南紧缺的人才主要在工业和农业方面，但多所高校开设专业时大量设置如市场营销、金融等专业，海南目前对此类人才缺口不大，且对人才的水平要求较高，海南大部分高校培养的此类学生并不能满足用人单位的人才门槛，导致海南高校培养的毕业生部分就业困难，同时加剧了当地人才缺口。

（2）民办高等教育水平有待提升，需要更多政策资金帮扶引导。海南省目前的高等教育民办院校共计 9 所，其中本科 3 所，专科 6 所，总体水平有待提升，教学质量不高，招生面临一定的阻碍。海南民办高等教育学校一定程度上填补了公办高等教育学校的空缺，且多为专业性院校，本身发展前景广阔，但是由于资金不足、补贴较少等原因，一方面难以留住优秀的青年教师、教师中兼职比例较大导致教学质量在一定程度上下降，另一方面学费较为昂贵，使得部分学生难以负担，缩小了海南民办高等教育的招生覆盖面。

2. 成人教育

海南省成人教育及职业教育起步较晚，在政府政策引导下目前已经初具规模，却也存在着诸多问题。

（1）办学资金短缺、教学设施不足。办学资金紧张主要有两个原因，一是政府补贴给职业教育院校的财政资金相对较少，因此大部分办学经费的来源是学生缴纳的学费；二是职业教育所需的教学设施设备较多，职业教育强调实操性，教学过程中注重实训教学环节，因此需要采购更多的教学设备，加剧了经费紧张。资金短缺造成的教学设施不足极大影响了职业教育中实践环节的开展，不仅严重影响教学效果和实践教学，也在一定程度上挫伤了教师的教学积极性、学生的求知精神，不利于职业教育的长远高质量发展。

（2）师资力量有待加强，职称评定制度有待改进。目前海南省职业教育和成人教育的师资中“双师型”教师占比低，同时教师年龄结构不合理，缺乏大师级教师的同时老年教师占比较大。在职称评定方面，海南职业教育的职称评定制度大部分仍以本科高等教育教师职称评定为模板，忽略了职业教育更多强调实践性而非学术性这一与高等教育的差异，因此照搬高等教育职称评定中强调的科研论文数量的做法在一定程度上限制了职业教育中技能型教师的发展，也阻碍了职业教育的整体健康发展。

(3) 职业教育学校定位不准，招生规模受限。海南职业教育学校目前存在与高等教育相似的问题，即自身定位不准，没能准确把握本土人才缺口，盲目开设专业，不能因地制宜设计合理的专业选择，造成本地人才需求缺口越来越大，而本校毕业生又因专业不对口导致就业困难。同时，海南职业教育在计算机、金融、电子商务等专业方面的优势不明显，不仅是人才招聘方面，招生时对于报考学生的吸引力也不够强，缺乏地域特色和专业性、独一性，限制了海南职业教育的招生规模。

(4) 校企合作不足，主动性有所欠缺。针对办学资金短缺、培养人才错位的情况，职业教育学校与成人教育学校缺乏与相关企业的深度沟通与合作，没能与企业进行点对点人才精准培养和输送，而是较为盲目地进行教学设计，产学研一体化程度较低，加深了人才断层和就业困难。

3. 特殊教育

新时代海南的特殊教育在数量上虽有了较为明显的进步，但同样也面临着更多新的问题和挑战。

(1) 特教教师数量少、不稳定、师资缺口较大、专业知识缺乏。目前我国开设特教专业的师范院校较少、招生规模较小。因此特教教师本身就存在专业总量人数少的问题，且多以外省师资为主。海南对特教教师吸引力不强，招聘难的同时留住人才也很困难，教师不稳定、变动多，师资缺口显著。目前许多特殊教育学校中的老师并非特教教育专业出身，多为学前教育、教育学等专业毕业，缺乏一定的专业特教知识。专业特教教师数量少，在岗时负责的学生数量就多。随着时代发展，越来越多的聋哑儿童通过医学辅助手段能够进入普通学校上学，因此特殊教育学校的主要生源转变为重度智力障碍、残疾以及自闭症学生，这些学生的生活自理能力往往也较为欠缺，特教教师在课堂上需要时刻关注每一个学生避免意外产生，心理压力较大，这也是导致部分特教教师离职的重要原因。

(2) 普通教育与特殊教育隔离，缺乏融合共生。普通教育与特殊教育本质上都是教书育人，在西方较为先进的特殊教育理念中，特殊教育与普通教育融合发展、互相促进，但目前海南的普通教育与特殊教育割裂显著，资源互换不足，教师交流缺乏，甚至几乎毫无交集。特殊教育的学生也需要尝试融入社会，而割裂的环境不仅导致特殊教育学生未来发展受限、社会性较低，也在一定程度上影响了特教教师的教学积极性和心理健康状况。特殊教育成为隔绝特殊孩子和特教教师与社会交往的围墙，这在一定程度上违背了特殊教育学校的目的。

四、住房方面

(一) 海南住房建设发展历程回顾

住房是民生大事，一间房子不仅仅是遮风避雨的住所，更是中国人数千年以来所认同的"家"的载体。在近代工业进入海南岛之前，自身独特的条件气候与岛上随处可见的火山石组成了最原始的海南早期住房，即火山石房屋。在今天的海口市石山镇荣堂村、美社村等村庄内仍然保留有这样的火山石建筑，就地取材，颇具海岛风情。

据《海南省志・城乡建设志》介绍，海南建筑风格大致可分四类：汉族地区传统建筑风格、少数民族建筑风格(含黎族、苗族、回族)、舶来建筑风格(含东南亚骑楼式、欧式等)、现代建筑风格。由于气候湿热，海南传统建筑讲究通风采光、外封闭内开敞。其中，骑楼建筑知名度最高，为 20 世纪上半叶华人华侨修建，昔日前往南洋谋生的海南人返回故土时也带来了极具东南亚特色的建筑技艺，海口市的骑楼老街就是海南省目前保留较为完好、知名度最高的舶来建筑代表作。

21 世纪的海南在住房方面的政策科学合理，规范商品房建设的同时着重推进安居房建设。《海南省住房和城乡建设事业"十四五"规划》中提到，到"十四五"末，全省建设安居房 25 万套，实施保障性租赁住房和公共租赁住房保障 5 万户，完成城镇棚户区住房改造 2.5 万户，改造城镇老旧小区 21 万户。

根据 2020 年海南省统计公报显示，2020 年海南省资质内建筑企业全年房屋建筑施工面积 1 700.28 万平方米，下降 6.8%；房屋建筑竣工面积 475.84 万平方米，增长 58.9%。除商品房有序建设外，保障性住房建设持续开展，截至 2010 年底，已开工 12.63 万套。根据海南省住房和城乡建设厅通告，2022 年海南全省计划新筹集保障性租赁住房 2 000 套(间)，新筹集公租房 900 套，发放城镇住房保障家庭租赁补贴(公租房保障)11 798 户，棚户区住房改造开工 3 907 套，其中城市棚户区改造 3 460 套，国有垦区危房改造 447 套，全力推进安居房建设，确保完成 51 728 套安居房建设任务。海南省政府将继续坚持租赁补贴与实物供给并举，完成提供保障性租赁住房和公共租赁住房 1.4 万套的年度计划任务。

除此之外，海南省为推动人才引进计划，积极建设多层次多类型的人才房，根据人才引进相关规定赠予或低价出售，以期吸引更多的高水平人才入驻海南，推动海南自由贸易港与国际旅游岛发展建设。

(二) 海南住房建设发展问题分析

21 世纪以来，海南成为我国投资商品房的集中地，得益于海南岛独特的热带气候，大量位于中国内陆尤其是北方的居民、候鸟老人在海南投资买房，但也导致海南房价居高不下，滋生了许多的社会问题。

1. 部分房地产开发结构不合理

2006 年之前，海南省内房地产投资出现过热现象。在此期间，房地产公司在海南各个市县建设了大量别墅、高级公寓，这些住房面积大、总价高昂，可负担的群体数量少，不能解决中低收入水平家庭住房困难问题，且占用大量土地资源。为促进住房市场良性运转，2006 年海南省政府出台相关政策限制此类高档住房建设，但是政策效果不佳。这些住房常年空置，以省会海口市为代表的大城市部分老旧别墅区出现无人打理或维护不佳的半废置状态，需要及时进行改造升级或者拆迁重建。类似现象还有海南环岛海岸线上的海景房，破坏海岸生态的同时还造成土地资源利用效率低下的问题。

2. 保障性住房体系不健全，难以满足保障对象的住房需求

海南省已经建设了一大批保障性住房，相较于以前已经有了数量上的

飞跃。但是存在以下几个问题。一是保障性住房体系不健全,分配机制不完善,部分中低收入家庭具备购房资格却无法真正享受保障性住房福利,部分人违法违规获取购房名额进行房屋转卖以此获利,使保障性住房丧失了原本的功能。二是关于保障性住房的宣传不够到位,部分目标保障群体自身对保障性住房项目的信息了解不够,由于信息差错过保障性住房申请的情况时有发生,尤其是年龄较大的中低收入群体。三是建设过程中缺乏严格监管、审核,建筑质量不达标的情况偶有发生,如 2011 年 7 月就曾经有 345 吨不合格钢筋因监管不严流入保障性住房工程,给保障性住房建设造成了安全隐患。四是目前海南保障性住房数量仍然远远不足,实际需要保障性住房的居民家庭数量远超已建成和正在规划中的保障性住房数量。与此同时,保障性住房规划有时出现不合理情况,面积过大时,即便单价较低,许多中低收入水平家庭仍难以负担,经济压力过大。

3. 当地居民购买力低下,对商品房消费能力低

海南省人均收入在全国范围内一直处于较低水平,人均收入水平涨幅较慢,恩格尔系数常年居高不下。“收入低,物价高”成为海南居民日常生活中最常感慨的一句话,许多海南居民想在城市购置一套住房是相对困难的。而在绝大多数本地居民购置住房能力弱的情况下,海口、三亚等主要房地产开发热门地区的绝大多数新住房都由外地人口购置,这就导致了第四个问题。

4. 商品房闲置率高,房屋流转租赁效率低下

由于外地购房者的常住地并不在海南,因此他们所购买的房屋使用率并不高,基本集中于特定节假日期间,或是冬季约三个月时间(购房者所在城市因温差,一部分老人在冬季会以候鸟似的方式短期居住海南),总体入住时间很短,房屋常年处于闲置状态。在此情境下,海南目前缺乏政府主导、政策支持的专业机构进行房屋租赁流转,住房利用率低下,业主个人招租较为困难,租金过于低廉时,多数业主会选择放弃出租,使房屋继续保持闲置的状态,造成了住房浪费。

5. 部分老旧住宅设施老化,管理秩序混乱,亟需升级改造

以海口市为代表的海南大城市发展较早,20 世纪八九十年代乃至

2000年左右，海南经济特区建设之初，“十万人才下海南”导致住房需求量骤增，海口市内出现了一批仿照香港的住宅高楼，在当时属于高级住房。但随着时间的流逝，这些住宅现在大部分已经出现外墙破碎、内部设备老化等问题，尤其是电梯设施的老化破损。同时由于老旧房屋数量多，居住密度大，廉租房成片，私接电路、隔断房现象屡见不鲜，导致物业管理困难，住宅楼内部秩序混乱，滋生出一部分社会治安问题和住房安全隐患，急需升级改造。

五、医疗方面

（一）海南医疗事业发展历程回顾

由于地处热带地区，气候湿热，植被茂盛，海南曾是出名的“瘴疠之地”，疟疾、鼠疫等发病率奇高，据1947年成书的《海南岛新志》记载，当时海南常见的“恶疫”有疟疾、钩颈虫病（多见于农民）、黑死病（鼠疫）和虎疫（虎烈拉，霍乱的音译）等，肆虐岛内绝大部分地区。在这样的自然条件背景下，历史上的海南人口呈现出死亡率高、自然增长率低、人均寿命短的特点。地处偏远，交通不便，使得古代的海南医疗水平低下，先进的医疗技术难以传入海南，更难以推广。

海南医疗发展史的重大转折发生在19世纪末期，根据海南省人民医院的院史资料，1881年11月，丹麦传教士冶基善从广州来到海南岛，开启了西医传入海南的历史性转折，科学先进的医疗技术和模式开始在海南建立，海南医疗就此开启了近代化历程。在1896年前后，海口市福音医院正式建成，代表了当时海南医疗的最高水平，为海南人民提供了宝贵的医疗资源和服务。

除福音医院外，当时海南民众还筹建了海南医院。始建于1927年的海南医院，是一所完全由海南人筹划建设的本土医院，建设上仿照香港模式，学习西方先进医疗技术。

据海南省2021统计公报显示，初步统计，全省共有卫生机构6 277个，其中医院（卫生院）543个、疾病预防控制中心（卫生防疫站）29个、妇幼保健院25个、专科疾病防治机构16个、农村乡（镇）卫生院274个、社区卫生服务中心(站)222 个。医疗卫生机构病床位 61 964 张,其中医院和卫生院有床位 56 884 张。卫生机构从业人员总数为 99 692 人,其中各类卫生技术人员共 80 625 人。执业医师和执业助理医师共 29 720 人,注册护士 38 453 人。疾病预防控制、卫生监督、医疗救治体系以及公共卫生体系框架基本建成。

2018 年海南自贸港又进一步推动了海南医疗事业发展。2020 年开始,海南准许外省户籍人员参加城乡居民基本医疗保险,切实减轻海南人民就医负担、促进医疗公平、增进民生福祉、维护社会和谐稳定,在破解看病难、看病贵问题上取得了突破性进展,为海南居民提供了高质量的医疗保障,医疗事业总体取得了显著成就。与此同时,私立医疗机构尤其是医疗健康产业的快速发展,填补了公办医疗存在的空缺,为海南居民提供了多层次、高水平的医疗选择。2021 年 7 月 1 日,我国发布《"十四五"优质高效医疗卫生服务体系建设实施方案》(以下简称《方案》)。《方案》明确,到 2025 年,基本建成优质高效整合型医疗卫生服务体系,重大疫情防控救治和突发公共卫生事件应对水平显著提升,国家医学中心、区域医疗中心等重大基地建设取得明显进展,全方位、全周期健康服务与保障能力显著增强,中医药服务体系更加健全,努力让广大人民群众就近享有公平可及、系统连续的高质量医疗卫生服务。这一方案无疑为海南医疗体系的发展建设指明了新方向,布置了新任务,注入了新动能。

(二) 海南医疗事业发展问题分析

由于经济发展起步晚,早期经济基础薄弱,海南医疗事业长期处于相对落后的状态。19 世纪末期至 20 世纪上半叶,西方传教士和海南本土人才一起为海南现代医疗奠定了基础。新中国成立后,海南地方政府对现有医疗资源、人员、机构进行社会主义改造,以适应新的社会环境,制定了适合海南的发展政策,在 1978 年改革开放、1988 年海南建省、2018 年建设自由贸易港等一系列经济发展战略影响下,海南医疗事业与经济一起进入了发展的快车道,基础医疗体系和医疗保障体系逐步建设完善,医疗人才本土培养与外来引进相结合,医疗事业蓬勃发展,但仍存在一些问题。

1. 医疗资源分配不均，欠发达市县医疗资源紧缺

在医疗资源方面，以医院数量为参考指标，2020 年海南全省总计拥有医院 280 家，其中海口市 83 家，三亚市 34 家，其余 16 个市县共有 163 家，这明显反映出医疗资源倾斜过度、医疗事业发展失衡等问题。数据统计显示，海南部分地区存在医疗建设盲目扩张、过度扩张的问题，造成区域内资源利用效率不高、优质医疗资源浪费、财政资金利用效率降低，进一步导致欠发达市县的优质医疗资源长期匮乏，居民面对部分病症不得不选择异地就医。这一方面增加了居民就医的难度和费用，另一方面异地就医复杂化了医疗保障手续，降低了居民医疗满意度。区域资源共享方面，海南医疗单位间缺乏合作交流，优质的资源往往固定在某一个医院而不是在该区域内流转。

2. 地区医疗基础建设缺乏合理规划，设备购置与技术引进对接错位

近年来，海南各市县积极建设基础医疗设施，改善医疗环境，对大量村镇医院、卫生所进行改造升级，积极购置医疗设备，引进先进的医疗手段，以期实现就地医疗。在此过程中，存在着部分设备购置与技术引进错位的问题，即医疗机构引进了相关技术和人才，却没有引进配套的医疗设备。技术与设备两者缺一不可，因此当地居民就医问题并没有得到明显改善。调研过程中，一位来自洋浦经济开发区的居民表示，自己所在地区近年来医院扩建，规模扩大，同时对建筑内部进行了改造，医疗环境有了显著提升，引进的医疗人才水平较高，但就牙科而言，本地牙科医生具备拔牙技术和拔牙设备，但是医院并未购入用于拍摄牙片的医疗设备，没有 X 光片，医生不能对患者牙齿状况做出准确把握，医疗风险加大，患者不得不舍近求远前往邻近的城市拍摄牙片后再返回当地医院让医生诊断，或者直接异地就医。这种情况反映了海南目前基础医疗建设缺乏合理规划，医疗要素不齐全，技术、人才、设备断层轮番出现，急需采取有效措施。

3. 医疗人才缺乏，医疗水平有待提升

海南本土医疗人才培养虽然已经取得了显著进步，但是相比于需求仍有较大缺口。海南省医学类的高校较少，医务人员的受教育程度参差

不齐，部分医护人员专业知识水平不高，医疗服务不到位的情况时有发生。海南省本土医疗人才培养主要依赖于综合型高等院校的医学院与唯一一所医学高等专科院校，即海南医学院，护理人才由高职教育输送，本土造血能力不强，院校水平有待提升，缺乏与全国其他地区优秀医院、医学院的合作交流与联合培养，并且培养出来的人才留琼率低，大多选择前往外省深造或就业。医疗人才引进方面，海南对医疗类优质人才的吸引力不强，政策机制缺乏创新。这就造成了海南医疗队伍整体水平不高的困境。

4. 医疗效率仍有较大发展空间，医疗机构考核机制有待完善

目前，海南医疗效率较低，尤其是农村地区和经济欠发达市县，由于医疗设备不齐全、医疗技术欠发达、部分从业人员专业知识水平不足，出现了同一病症反复就医得不到解决、过度医疗等负面情况。医疗机构尤其是公立医院管理制度亟须创新，现有的考核制度实效不强，普遍不重视患者对从业人员的评价意见，造成部分从业者服务态度不佳、医疗效率低下，难以满足广大居民对高效医疗、"一次解决"的迫切期待。同时，缺乏医疗服务的意见反馈渠道，使不良就医体验迟迟得不到改善，一定程度上挫伤了居民对医疗事业建言献策的积极性。

第二节　海南省居民生活质量指标体系设计

本书研究通过借鉴国内外学者对居民生活质量指标体系的设计经验，并结合海南独特的自然、人文条件，在海南建设国际旅游岛和自由贸易港的大背景下，因地制宜设计出海南省居民生活质量指标体系。该体系分为物质经济、文化、生态、社会四个领域，并在每个领域下进行细分，总共有 20 项指标。其中，物质经济指标 7 个，分别是收入水平、消费水平、消费结构、房价水平、物价水平、油价水平、基础建设水平；文化指标 5 个，分别是群众素质、本地居民自豪感、文化娱乐活动、传统习俗保护、文化交流；生态指标 3

个，分别是城市环境、生态文明意识、本地生物多样性；社会指标5个，分别是交通拥挤、噪音水平、医疗水平、教育水平、就业机会。

本指标体系将物质经济领域放在首位，是因为物质经济与居民生活质量最为紧密。对于海南省居民而言，收入和物价能否平衡是生活质量能否提升的重要因素。消费是人类赖以生存和发展的基本功能，也是社会不断进步的基本动力，消费问题在整个人类生活和生产中处于至关重要的位置。消费结构作为消费的核心范畴，它不仅直观地反映着消费的内容、数量和水平，还最终决定了居民的生活质量，是研究消费问题的重要组成部分。深入研究居民生活质量差异及揭示社会消费结构的变化规律和趋势，从而引导居民进行合理的消费，优化消费结构，缩小居民生活水平差异，能够更高效地达到全面提升居民生活质量的目的。

值得注意的是，将“本地居民自豪感”作为海南居民生活质量指标体系中的文化领域的指标之一，不仅仅是因为居民生活水平的不断提高，居民的精神文化娱乐生活会越来越丰富，更因为海南的文化形象在海南全省的提质工程中得到了卓有成效的提升。与此同时，海南各大高新产业园区及老城区等加快推进形象提升工程，完善提升道路管网等基础设施建设水平，优化城市空间布局，不断提升城市品质，海南自贸港的新形象、新气质也让海南居民的生活水平得到了实质性的提高。另外，近年来，旅游消费逐步成为居民文化消费的重要方式。海南旅游业的发展推动着社会发展，也为更多居民提供了极佳的就业机会，并丰富了海南居民的精神文化生活，为群众文明素质提供了更广阔的提升空间，有利于本地居民自豪感的进一步提高。

第四章 海南省城市居民生活质量定性分析

第一节 城 市 环 境

一、城市环境对城市居民生活质量的影响

城市环境是指影响城市人类活动的各种自然的,或人工的外部条件的总和。城市环境与城市居民生活质量相互影响、相互制约。城市环境作为影响和评测城市发展与城市建设的重要标准,也会在一定程度上影响到城市居民生活质量与满意度。有部分学者认为根据"适应理论",人们会在心理上和生理上对周围的环境进行主动适应,所以环境质量不会显著影响居民对于生活质量的感知。但绝大部分学者认同环境问题所导致的负面效应,这些研究大致可以分为两部分,一部分研究认为环境的负面效应主要通过环境问题影响健康显现,另一部分则强调环境的独立影响,即居民对于城市环境问题及其后果的关心直接导致显著负效应的产生。

研究表明,当社会发展达到满足人类基本物质需求的水平,人们会更加关注环境因素对其生活质量产生的影响,而生活质量满意度的提供更取决于后者。高速的城市化进程同时也导致了部分城市环境问题的出现和一定程度上对生态保护的疏忽,人民群众从注重"温饱"逐渐转变为更注重"环保",从"求生存"到"求生态"。关注和研究城市环境的可持续发展不仅是国家发展战略的需要,更是新时代人民和城市居民对于提升生活质量的诉求。作为城市管理者,在进行城市建设的过程中应充分考虑到城市的环境问题,并及时出台防治整改措施,从而为城市居民提供更为舒适整洁的生活、工作

与休闲空间，提升居民生活质量与满意度。

二、海南省城市环境定性研究结果及发现

(一) 海南省城市自然环境的满意度调研及发现

1. 空气质量是海南城市居民最满意的城市自然环境因素

在收集到的有效访谈中，居民对海南省城市自然环境条件的整体满意率高达100%，其中空气质量是七成受访者的最满意自然环境因素。受访者a1表示："对海南的空气质量是最满意的。"受访者a4也表示："对海南的自然环境挺满意的，空气质量很好。"受访者a11说："整个海南其实城市化的地方只占了那么一小点，大部分地区都是大自然的环境，负氧离子高，空气新鲜，蓝天白云。小岛的空气质量是公认的好，生态环境一流，常年位居城市空气质量排名榜单之首。尤其是下雨的时候，都可以闻到植物特别清新的味道。希望海南未来的城市发展建设不要让空气质量变差了！"受访者a12则欣喜地向我们讲述道："来海南后，我父亲的支气管炎症状好多了，之前在老家，每天都得靠着空气净化器过日子，建议呼吸系统不太好的人来海南生活。"

从各种客观指标上看来，海南的空气质量的确令人满意。2021年，海南省全年空气质量优良天数比例达到99.4%，细颗粒物(PM2.5)浓度为13微克/立方米。2021年9月、10月均达到了自2015年我省有PM2.5监测记录以来当月最好水平，第三季度则达到了当季最好水平。臭氧浓度处于近几年的低值。优质的空气质量作为海南岛一直以来的优势，是彰显海南岛良好生态环境的标志，它不仅在很大程度上保障了海南省城市居民的生活质量，更是吸引岛外游客前来旅游和度假的招牌法宝。然而，随着海南省城市化进程的不断加快，空气质量势必会成为因其发展而牺牲的潜在代价。如何建立有效机制抑制潜在威胁的发生，始终保护好全岛优质的空气是一个极为重要的课题。

2. 大气湿度和紫外线强度是困扰海南城市居民的两大自然环境因素

有三成访谈受访者表示，对海南城市自然环境条件最不满意的一项是空气湿度。受访者a2表示："潮湿，回南天的时候能把人逼疯。"受访者a3

说：“阳台上的衣服都是潮湿味，可能家里的被子也有潮湿味。”受访者 a5 也说：“又潮又热，得常备除湿袋，否则放在衣柜的衣服都会湿漉漉的。”受地形和纬度的影响，海南岛不同区域干湿度也略有差异，南部地区（包括三亚市、陵水市、乐东市、保亭县）相较于北部地区（包括海口市、定安县、儋州市、澄迈县和屯昌县部分地区）干燥，西线（包括昌江县、东方市）相较于中线和东线（文昌市、琼海市、万宁市、五指山市、琼中县、白沙县）更为干燥。虽然岛内的干湿度具有一定程度上的区域差异性，但整体而言，全省的大气湿度指数全年居于全国前列。以海口市为例，2019 年和 2020 年连续两年城市年平均相对湿度都高达 80%，仅次于成都市、贵阳市和广州市。研究表明，大气湿度过高和过低都会对身体健康产生负面影响，当空气湿度高于 80%时，则属于湿度过高，会使人体散热困难，从而导致体温升高、心跳加快、头晕恶心等症状。

除大气湿度外，紫外线强度也成了困扰海南城市居民的另一自然因素，受访者 a12 说：“说热可能没有内陆的几个有‘火炉’之称的地方热，之前老家夏天的时候也挺热的，但是太阳没有海南的大。这里的紫外线太强了，特别很容易晒黑，搬来的这些年来我的皮肤也确实差了不少。所以注意防晒很重要。”

3. 城市自然环境的物种多样性使海南城市居民喜忧参半

生物多样性具有空间上的变化规律，纬度变化是使其变化的因素之一，生物多样性随着纬度的降低而增多。海南岛地处低纬度地区，纵跨亚热带与热带，生态系统类型丰富多样，生物种类及特有类群均居全国前列，是全国乃至全世界的基因库。此外，海南岛的生物多样性证明了其生态环境的优越性。“生物多样性”本身是一个相对的概念，它有是否丰富及数量多少的问题，也与自然环境的优劣密切相关。保护生物多样性是生态文明建设的重要内容，而生物多样性的丰富程度是衡量生态文明建设质量的重要指标。

生物多样性的表征之一是物种多样性，对此，受访者 a6 说：“最令我感到兴奋的是这里动植物种类丰富并且有许多本地特有物种，随处可见又大又漂亮的蝴蝶，还在此见到了华丽的天蚕蛾，独角仙等。木樨类也很常见，非常适合采集标本或者开展科研工作。昆虫生物绿植种类覆盖率等等都很好。”受访者 a7 说:“虫子也是真的多,简直大开眼界,之前在浙江十多年都没有见过这么多品种的虫子,只要天气一闷,或者下大雨了,虫子就会冒出来,会飞的蜂螂,喜欢亮光的飞蛾,还有会咬人的蚂蚁,以及各种叫不出名的小昆虫。”由此可见,丰富的物种给居民们同时带来了欣喜和困扰。因此,海南城市的生态环境建设既要着眼于继续保护生物与物种多样性,同时也不能忽视由蚊虫带来的疾病传染,要注重城市的卫生管理和监测,为城市居民提供更为整洁、舒适、健康的生活与工作环境。

(二) 海南省城市人工环境的满意度调研及发现

1. 受访者对城市居住区与商业区环境评价呈现两极分化

样本访谈数据显示,五成的受访者对城市的居民区的环境感到满意。受访者 a1 说:“我对所居住的环境感到满意,小区绿化好、空间大。”受访者 a3 表示:“对于目前居住环境比较满意,所居住地的卫生和便民措施相较于从前都有了很大的改善。”受访者 a4 表示:“满意,靠近大型商场,居民生活便利。”受访者 a8 也说:“满意,不定期有活动,物业好、绿化好。”同时,也有五成受访者持中立或相反态度,主要不满意的方面有安全性差、监控缺失、卫生条件不好、道路积水等。城市居住区环境存在差异主要是由其级别档次的不同导致的,但城市不同社区管理与规划工作的不同步也会对其造成一定程度的影响。

居民对商业区环境的评价也同样存在对立的态度。约四成的受访者对城市商业区环境感到较为满意,他们表示“商业街区营业时间合理、商品种类较多。”(a2)“商业区挺满意的,比如免税店之类,购物体验挺好。”(a5)“我居住的周围有一个商场叫做南亚广场,这个商场开了十多年了,曾经他的一楼和地下部分都破旧不堪,现在重新装修后环境有了很大的改善。”(a7)“满意,华田商业广场各种商品琳琅满目,恒基广场各种设施齐全,市民广场可供市民游玩。”(a8)。剩余六成的受访者则提出意见和建议:“感受不深,没有什么特色能给我留下深刻的印象。”(a3)“卫生和服务质量需要提升。”(a6)“商圈需要扩大和更加合理的规划,功能需要得到扩充。”(a7)“嘈杂,不

整洁,需要加大整改力度。"(a9)"商城挺多的,但大部分人气不旺,空铺子很多。"(a10)

2. 许多受访者认为街道环境整洁绿化覆盖率高,但存在提升与改善空间

90%的受访者对城市街道整洁程度感到满意,但认为可适当增加街道垃圾箱的数量。例如,受访者 a11 认为:"海南城市有些街道上的垃圾筒数量太少了,很多时候手里拿着垃圾走了一路都没地方扔掉。多设置几个外观比较美观的垃圾箱也不需要花多少钱,便民的同时还能提升城市街道的整洁度,这是一举两得的。"受访者对城市绿化环境的满意度则达到 80%。"我居住的地方楼下将一些小房屋拆除,建起了绿化带。"(a4)"明显能够感觉到这些年城市的绿化面积增加了,很多公园的绿化做得都很不错。"(a10)但同时也有居民认为"可以更加系统地布局规划城市绿化、进一步增加绿化面积"(a5)。此外,有两成受访者提出可以适当增加绿化种类的建议。"椰树太多,道路两旁遮阴的树太少,本来太阳就大,平时晴天的时候在路上走都没有阴凉的地方,就算打伞也会觉得很晒很热。建议如果有可能的话,最好多种一些能够适应海南气候的枝繁叶茂的树。"(a7)"我感觉海南城市的绿化用树,特别是道路行道用树缺乏规范和标准,绿化品种单一、缺少特色。"(a9)

近些年,海南省的城镇园林绿地结构和功能进一步优化完善,人均公园绿地面积等指标稳步提高。人均公园绿地面积 11.35 平方米,建成区绿化覆盖率 39.20%,建成区绿地率 34.52%,建成的城市公园有 121 个,绿化工作成果显著,但如居民们在调查中所反映的,仍然存在提升与改善的空间。

3. 城市垃圾污染得到改善,噪音污染严重,水污染有待加强治理

针对城市的污染治理(包括噪音污染治理、垃圾污染治理和水污染治理),居民普遍认为城市的噪音污染最为严重,且治理不够完善。受访者 a2 表示:"居民区旁边道路修理工程噪音污染严重。"受访者 a3 认为:"除了噪音污染,其他方面都还行。"垃圾污染近些年得到改善,但仍有居民提出"垃圾清理不及时,会发出臭味。"(a4)"垃圾分类制度实行不严格,垃圾分类不完善。"(a5)而对于水污染与河流污染的治理,居民的感受存在差异:"美舍

河治理，西秀海滩垃圾清理等工程效果好。”(a7)“一些河流、沟渠会发出较大的异味。”(a9)由此可见，河流污染的治理工作取得一定成效，但仍待加强。

人们对美好生活的向往与声环境质量紧密相关，而城市在建设过程中产生的噪音不仅降低了城市居民的生活质量，更存在对居民的身心健康造成负面影响的潜在风险。随着近年来各地施工项目的增多，城市道路和轨道交通等基础设施不断完善，城市噪音污染环境问题越来越不容忽视。经数据分析，建筑的噪音会对公众产生更大的影响。因此对噪音尤其是建筑噪音的进一步防治迫在眉睫。此外，如何完善垃圾分类、如何减弱城市垃圾与河流的异味也是居民们极其关注的问题。

4. 城市风貌与城市形象的优化要求城市居民素质进一步提升

城市环境服务于城市居民的同时也需要城市居民的共同建设，其中居民的文明素质则是一座城市风貌与形象的综合反映。因此，提升居民的文明素质是优化城市环境必不可少的重要环节。访谈中发现，受访者普遍认同近些年来海南城市居民的文明素质得到了很大程度的提升，但仍存在一些问题：“部分居民喜欢随地吐槟榔汁，光着膀子在街上和公园里溜达。”(a1)“可以经常看到电瓶车和行人闯红灯，电瓶车和自行车逆行。酗酒闹事的人多，夜宵摊很多人喝多了就会闹事。”(a4)“交通秩序差，行人、自行车、摩托车、电瓶车到处横冲直撞。”(a6)“大部分商店的导购员、餐馆的服务员以及医院的医生护士服务态度较差，很难让人有好的购物、就餐和看病体验。”(a7)

受访者 a11 表示：“海南大部分居民的素质还是可以的，但可能是和海南本地人的风俗习惯有关，感觉他们比较难与人好好地沟通交流。”受访者 a12 表示：“居民的文明素质水平我认为与受教育程度是有关联的，就我个人的观察和感受来看，年轻一代的居民整体素质明显比年老一代的居民素质要高。”此外，研究表明，居民的素质也与经济发展和社会公共资源配置密切相关。若想全面地提升城市居民整体素质，除了加强宣传教育与合理引导外，还应对经济发展是否平衡、社会公共资源是否充裕等加强关注，并适时进行调节。

三、海南省城市环境定性研究结论

通过以上分析，研究人员得出以下结论：在城市的自然环境方面，海南的城市空气质量是海南省城市居民最满意的环境要素，大气湿度和紫外线强度是最困扰海南城市居民的环境要素，海南岛的物种多样性则是一项中立的自然环境要素；在城市的人工环境方面，大部分居民对城市的街道环境、绿化建设较为满意，一半居民对城市居住区和商业区环境感到满意，少数居民对城市的污染治理、城市居民素质感到较为满意，但这些城市人工环境要素都存在较大的提升与改善的空间。

第二节　医 疗 健 康

一、海南康养产业前景光明

目前，中国已经进入高质量发展阶段，人民群众对多层次多样化的医疗健康服务需求正在持续快速增长。因此，加快提高医疗健康供给质量和服务水平，是满足人民美好生活的需要。2016 年 8 月，习近平总书记在全国卫生与健康大会上明确指出“没有全民健康，就没有全面小康”“要把人民健康放在优先发展的战略地位”。保障人民群众身体健康成为党和政府施政的优先选项之一。

2016 年 10 月公布的《“健康中国 2030”规划纲要》，更是充分展现了党和国家卫生和健康工作的新思路，即从“以治病为中心”向“以人民健康为中心”转变。党的十九大报告不仅再次明确了“为人民群众提供全方位全周期健康服务”的大健康观的核心要义，还进一步提升了大健康观的地位与意义，即“人民健康是民族昌盛和国家富强的重要标志”。

作为国际旅游岛，海南的医疗健康产业在海南自由贸易港建设的契机下，不仅要求服务民生、保障居民健康，还将抓住机遇打造成“国际康养旅居消费中心”。康养旅居产业已成为海南在提升基础医疗产业之外的重点经济发展产业。

康养旅居产业是一种将医疗保健服务和旅游资源完美结合的新兴旅游形式，是当前全球发展速度最快和经济利益巨大的新兴产业之一，是如今旅游产业发展中不可忽视的市场“蓝海”项目。然而在欧美等传统医疗大国，康养旅居的价格十分昂贵，所以该产业的重心正在移步亚太地区并且也得到了重视。我国“健康中国”战略已经提出，“健康中国”理念也逐渐深入人心，医疗健康产业越来越受到人们的广泛关注和高度重视。在此背景下，把海南打造成为辐射亚洲乃至全球最有集聚力和影响力的“康养旅居消费中心”，并让此称号成为海南乃至我国国际旅游消费的靓丽名片，是海南健康产业发展的目标之一。

二、海南医疗产业欣欣向荣

“熬夜排队挂号”“走廊里面住病人”“付费手续烦冗”……受访者 b1 所说的这些情况出现在 20 世纪 80 年代之前的海南。当时医疗卫生事业受起步晚、起点低、历史欠账多等因素的影响，难以满足居民的就医需求。当时海南的医疗设施、医疗环境等各个方面都与外省存在一定的差距，很多手术也由于技术和人才不足而无法开展，导致不少省内患者不得不出岛求医。根据现海口市人民医院夏鹰主任的回忆，由于医疗条件落后，当时“天气炎热，病人只能通过自己购置的小型电扇纳凉”。

经过多年发展，20 世纪 90 年代，海南人口的平均预期寿命已达 73.13 岁，是全国人口平均预期寿命最高的省份之一。全国第三、第四次人口普查结果表明：海南人均寿命位居全国第一。今日的海南已经是有“长寿岛”美誉的医疗康养圣地。这一翻天覆地的改变，与海南省医疗卫生事业的迅猛发展是密不可分的。自 2018 年中共中央决定支持海南全岛建设自由贸易试验区以来，海南医疗事业由量变到质变并向着崭新的方向转型发展，海南居民的生活质量因此得到了明显提高。

三、海南自然条件优越

海南风景秀美、气候宜人、空气清新，是公认的康养胜地。对于医疗康养而言，四季温暖的海南是候鸟老人过冬避寒的首选。海南冬季平均气温在22摄氏度以上，对常见的心脑血管疾病、气管炎、高血压等慢性疾病有明显的缓解作用。来自北京的受访者b1患有慢性支气管炎，为了养病，他选择在冬天住到三亚。“我的老哥们之前也得了我这个病，来海南住了几天就好了。”说起海南的康养环境，他赞不绝口：“这里就是个天然的大医院，我每个月去我儿子给我预约好的医生那复查，吃点药，今年竟然没有咳嗽。”

正如受访者所说，依托自然资源开发的气候康养项目正在成为海南最具特色的医疗项目之一。海南省政府在近几年高度重视打造以呼吸康养、气候治疗与特殊诊疗为主的度假区和诊疗中心。气候康养工作被列入了省政府的督查督办事项清单、气候治疗服务模式也列为自贸港创新项目之一。

自海南建设自贸港以来，琼海率先打造了博鳌乐城国际医疗旅游先行区，那里汇集了国内外精英医疗人才、先进的医疗旅游服务、前沿医药科技成果、高端的医疗技术服务。当前，博鳌一龄生命养护中心、博鳌超级医院等多家医疗机构的经营都已进入正轨并得到了广泛好评，与之配套的医疗旅游体系也正在逐步完善。博鳌一龄生命养护中心运营至今，已经接待了数万名前来康养旅游的客户。

与此同时，以博鳌乐城国际医疗旅游先行区为“龙头”的海南医疗康养产业也如雨后春笋般涌现，康养小镇便是其中之一。这些康养小镇推动了康体型康养旅游产业集聚，促进了健康型康养旅游规模化发展，培育了现代运动康复、气候运动医疗、中医传统运动、运动营养饮食、运动处方健康管理、温泉运动水疗、慢性疾病运动康复中心和运动抗衰老等康体型运动康养旅游产业和产业链。这些医疗康养产业提升了社会健康水平，助力打造现代的和谐社会。

四、海南政策大力支持

海南地处泛珠三角，紧密连接东盟经济圈、泛珠三角经济圈、环北部湾经济圈及太平洋经济圈、中国—东盟自由贸易区，区位条件优越。同时，海南也是我国改革开放的重要窗口和“一带一路”国际交流合作大平台，现在正在全岛建设自贸港，具备发展医疗旅游的区位优势和政策优势。为了弥补海南医疗的历史短板，在短时间内高效提升省内医疗服务水平，自2012

年起，海南开始通过帮扶、托管等模式引入省外优质医疗资源。至今，海南先后与北京、上海、广东、四川、湖北、山东、陕西等地的50余家医院、医学院校建立帮扶合作关系。海南也成为全国引入优质医疗资源最多的省份之一。在各大医院、医学院的帮扶下，现在的海南医疗已经焕然一新，眼科、儿科、骨科等多个领域的大病患者，都能在岛内得到很好的治疗。更加值得一提的是，不仅海南患者“小病不进城、大病不出岛”的愿望在逐步实现，省外患者慕名来海南求医的现象也越来越多。

“听说张院士又来海南坐诊，我这次早早就赶来儋州排队了。”2023年2月23日，海南西部中心医院开展新春首场义诊活动，受访者b2听到消息十分激动。之前该受访者因为毛细淋巴血管瘤做过口腔手术，一直担心血管瘤复发。为了寻求更加适合的治疗方式和恢复方法，她此次特地驱车赶来，找中国工程院院士、国家口腔医学中心主任、上海交通大学医学院附属第九人民医院口腔颌面外科专家张志愿问诊。受访者b3和b2的想法相同：“大家都想选相对好一些的医院，在生病这件事上人们还是很重视的。”数据显示，选择在县级医院就诊的人次明显增多，人均住院费用也有所下降。以基层患者就医的变化为例，2020年，全省县级医院诊疗人次435.53万，人均住院费用7 149.22元，到2021年，全省县级医院诊疗人次提升至551.48万，人均住院费用为7 102.94元。这说明海南患者对县级医院的信任和认可程度有所提高。这与县级医院医疗水平及服务能力的提高密切相关。

由省外医疗资源帮扶带来的惠民服务还有不少。例如被列入2021年、2022年为民办实事项目“新生儿先天性心脏病筛查与诊治”，实施专家组组长就是上海交通大学医学院附属上海儿童医学中心原院长、三亚市妇幼保健院小儿心胸外科特聘顾问刘锦纷。该项目在全省范围内开展新生儿先天性心脏病筛查、诊断和治疗，并对先心病患儿的手术治疗最高予以2.5万元补助。

自海南开始引进省外优质医疗资源以来，众多国内一流的医疗机构也纷纷进驻海南，不仅涌现出解放军总医院海南医院、中山大学眼科中心海南眼科医院、上海市第六人民医院海口骨科与糖尿病医院等一批新建、共建医院，还带来了一大批专家和医疗骨干。海南省人民医院、海南省中医院等7

家医院已与省外医院开展了更加紧密的合作，共同建设国家区域医疗中心项目，进一步固化合作机制。

“很多先心病和重大疾病患儿也不必再跨海救命了，专家来海南坐诊，也把技术留在了海南。”受访者 b4 是海南省妇女儿童医学中心急诊科医生，说到如今海南医疗的飞速进步，她感到十分欣慰。先进的医疗技术能便民利民，解人民之困，这不仅是医护工作者们的愿景，也是海南医疗事业追求的目标。

五、海南省整体医疗卫生资源仍有进步空间

目前，海南全省一共有各类的卫生机构 6 127 家，其中医院 280 家，基层医疗机构 5 690 家，专业公共卫生机构 106 家，互联网医院 43 家，其他卫生机构 8 家。在各类医院中，有综合医院 171 家，中医医院 23 家，中西医结合医院 10 家，专科医院 76 家。基层医疗卫生机构中，有社区卫生服务中心(站)213 个，卫生院 277 个，村卫生室 2 764 个，门诊部 303 个，诊所、卫生所、医务室共计 2 133 个。专业公共卫生机构中，有疾病预防控制中心 28 个，妇幼保健院(所、站)24 个，专科疾病防治院(所、站)13 个，健康教育所(站、中心)10 个，疾病预防控制机构 27 个，卫生监督所(中心)1 个，健康教育所(站、中心)1 个，急救中心(站)6 个，采供血机构 4 个，计划生育服务机构 20 个。2020 年底，全省医疗机构共有床位 59 462 张，卫生技术人员 74 378名。但是，从全国来看，海南的医疗基础确实是相对薄弱的，全国 1 579家三甲医院只有 16 家位于海南。

“我是一个宝妈，孩子如果有突发不舒服的情况，只能挂急诊，如果是咳嗽感冒想找好医生，基本当天都挂不上号，至少是要两天后才能挂上，很耽误就诊。”受访者 b5 这样讲述了她的亲身经历。这表明了海南省的医疗资源还存在供不应求的情况。海南省在引进先进的医疗设备和人才之外，也要注重基础医疗资源是否能够满足广大居民的日常需求。

海南省健康产业力量薄弱，发展步伐缓慢，成规模的产业较少，医疗健康短板很难在短时间补齐。从海南省统计局发布的数据看，2020 年全省医疗健康产业增加值 194.88 亿元，仅占全省 GDP 总量的 3.5%。目前，中国

健康服务业年产值占 GDP 的 5%左右，而美国该项数据 2009 年已达到 17.6%。《健康海南行动实施方案》提出，到 2022 年和 2030 年，健康产业增加值将占全省生产总值比重分别达到 5.5%和 10.5%。现在看来，距离这个目标还比较远。如何让医疗健康产业在海南茁壮成长，成为海南经济社会发展的重要组成部分，还需要进一步解放思想、脚踏实地向前推动。

六、海南省内基础医疗有待发展

虽然海南医疗水平的发展已经有了质的飞跃，但是谈到基层医疗卫生机构，许多受访者脑海中呈现的仍然是一幅房子老旧、医疗设施设备缺乏、医护人员不足的景象。“其实我们很少就医，所以对海南的医疗判断都是听说，就像海南的教育一样，总体上觉得落后。”(b6)“很不错，有钱的话。”(b3)“护士态度一般，私立护士态度就好。”(b5)这些评价在一定程度上表达了海南居民对海南医疗康养事业发展水平和速度的认可，也反映出了省内医疗资源分布不均的问题。对此省卫健委基层卫生健康处有关负责人介绍：“‘十四五’期间，我省将坚持基本医疗卫生服务公益性，构建 15 分钟城市健康服务圈、30 分钟乡村健康服务圈，助力推动形成基层首诊、双向转诊的机制。”由此可知，实现海南医疗资源公平分配的目标仍然在路上。

除此之外，还有一些受访者表达出对基础医疗水平和效率的不满情绪，有的受访者表达出希望可以降低成本的愿望：“费用不便宜，我儿子小的时候经常咳嗽，去一次大概要三四百。”(b5)。对此，海南省政府大力推进“优质服务基层行”活动和社区医院建设，持续开展基层样板工程和能力提升工程建设；持续改善基层医疗的硬件条件，充分利用 5G 远程医疗服务提升能力；充分依托紧密型县域医共体建设，持续深化基层人事、薪酬、投入和运行机制改革。

第三节　教育培训

中国正处于经济转型升级，社会产业结构调整的阶段。“教育红利”日渐凸显。习近平总书记指出:“党和国家事业发展对高等教育的需要,对科学知识和优秀人才的需要,比以往任何时候都更为迫切。”经济增长最基本的动能要素包括实物资本和人力资本,相较实物资本,人力资本更具持续性和扩展性。因此,随着经济高质量发展的需求日益迫切,人才培养成为助推区域发展的内生动力。在当今经济高质量发展的时代洪流中,把握教育的重要意义,是驭势而行的关键一环。

海南在自由贸易港建设政策的宏观设计下,迈入产业规模扩大、市场主体涌入、结构持续变动、经济飞速提升的发展区间,社会需要加强素质教育提升全民文化水平,企业需要高端人才带来创新活力。教育作为培养基础素质,造就科技型人才的核心途径,对于社会人才资源供给,助力海南经济发展有着不可撼动的意义。海南各级政府部门应该结合自身发展与资源禀赋,因地制宜规划出提升路径,厘清教育发展机制,强化教育的积极效益。

教育决策方面,政府视野高屋建瓴,具有前瞻性。近年来,政府愈发注重教育决策的科学化,强调以科学和系统的方法论来指导教育的政策研究。为更好适应发展需求,教育政策制定不能仅以传统的专家学者的经验之谈,或是部门官员的理论研究为定论。能否实现教育对人积极的培育作用和能否实现教育成果的实际转化是评价教育政策是否得当的标准。一旦教育传播机制出现断层,教育反馈出现壁垒,就会导致教育部门缺乏对实际的动态认识、政策研究脱离现实、政策主观化等问题。因此,海南省教育部门采用了多种调研方式,使教育政策更加科学化、实践化。

2022 年 7 月 18 日,海南省教育厅等 10 部门印发《海南省“十四五”县域普通高中发展提升行动计划实施方案》。文件提出,到 2025 年全省高中阶段教育毛入学率达到 94%以上,每个市县至少建成 1～2 所“省一级学校”,并至少引进优质教育资源托管 1～2 所县域普通高中,确保到 2025 年如期完成全部县中标准化建设;要继续通过引进省内外优质教育资源,开展多种形式的县中托管和帮扶工作。

加强顶层设计,落实政策执行。海南省教育部门从基础性工作着手,关注优质教育资源引进与创新教育方式激发,为海南教育行业建设提供良好环境,以政府政策为教育事业保驾护航,获得了不错的成效。

教育投入方面，资金政策严格执行，经费逐渐增长。教育事业，尤其是高等教育对于区域经济的支撑能起到驱动的作用。反言之，经济的投入也会给教育发展创造更多的可能性。教育资金的投入在很大程度上决定了教育基础设施建设情况以及创新教育领域模式的开发程度，教育的长续进步离不开资金的投入与流动。海南省教育事业始终以服务为导向，主动适应经济发展趋势，将与区域经济的相互助推作为发展目标，教育事业的投入不断扩大。

分析省内历史教育资源统计报告，对于分析教育资源走向，规避教育发展风险帮助良多。2021 年度海南省教育财政拨款支出总计 878.312 亿元。与 2020 年度相比，财政拨款收入、支出总计各增加 101 461.47 万元，增长 12%，转拨给陵水国际教育创新实验区项目资金增加，退役军人学费补助资助项目增加。2019 年，全省地方教育经费总投入 425.77 亿元，占全国教育经费总投入的 0.85%。比上年的 378.34 亿元增加 47.43 亿元，增长 12.54%，增幅高于全国增幅 3.8 个百分点。2018 年，全省地方教育经费总投入 378.34 亿元，占全国教育经费总投入的 0.82%。比上年的 339.03 亿元增加 39.31 亿元，增长 11.59%，增幅高于全国增幅 3.18 个百分点。学校教育培养人才的规模与质量决定了区域内人力资本储备的质量，人力资本的积累与流通将有力地带动就业质量的提升，区域经济的增长。经济的投入将会在多方面，多维度为教育建设带来红利。

教育转型方面，推动科技创新，凸显教育红利。为顺应海南经济建设的变革需要，配合产业结构优化，市场资源配置等工作，海南教育事业正在向科技化、创新化等高质量方向转型。在此方面，尤其是高等教育需要被给予充分关注。高校教师为高素质人才资源带来思想教育与学业培养；高校学生则作为直接劳动力与创新参与者为区域经济贡献力量。海南省对于教育的转型需要更多构建新型框架，助推高等教育的发展。

海南省教育厅党委书记、厅长曹献坤在接受媒体采访时指出，只有深刻领会和准确把握习近平总书记考察海南重要讲话和海南省第八次党代会精神，锚定“一本三基四梁八柱”战略框架不动摇，才能自觉把教育工作摆到海南自由贸易港建设大局中去谋划、去推进，找准教育工作的切入点、着力点和落脚点，更好地围绕中心、服务大局。为促进教育事业高质量发展，应深化产教融合，构建教育链、创新链、产业链有机衔接，通过政策引导促进教育资源优化分配，驱动教育事业从书本人才培训到全方面素质人才输出的层次及导向的转型。

一、海南教育规划与发展态势定性研究

教育要面向现代化，面向世界，面向未来。教育作为现代化建设的构成要素与关键性任务，应把握其基础架构，将历史有益经验与未来美好期冀结合起来，打破各种认知局限对教育事业的桎梏。为探究海南当前教育建设是否能够满足群众日益增长的美好生活需要，本调研采访了不同学习阶段的群体，从学生本人或其他视角对当前海南的教育发展进行评价。总体来说，受访者的反馈都比较积极，认为海南的教育具备得天独厚的优势与应运而生的条件，可以满足学生不同成长区间的诉求。但也有令人担心的地方需要给予更多关注，不同教育阶段应因势利导，运用具体化思维应对发展问题。鉴于此，笔者将本板块内容划分为学前教育阶段（幼儿园）、义务教育及中等教育阶段（小学、中学及高中）、高等教育阶段（大学）、继续教育阶段（成人），以期理解教育区间之间存在的具体性议题。

（一）学前教育阶段（幼儿园）

幼儿园阶段是儿童进行人文社交与公共环境接触的入门，需要儿童参与特定范围的社会文化建构，在人员交互、认知体验中进行对社会的初级接触。在新的历史时期，应坚持正确的教育领域意识形态导向，深入贯彻落实新时期党和国家教育政策方针，以立德树人为根本任务，以社会主义核心价值观为引领，积极营建专业保育与教育文化空间，重视规范幼儿社会性发展，初步培育幼儿崇高精神追求，致力构建高质量幼儿园人文环境。海南作为交流型省份，近年来不断有国外引进的双语幼儿园和新建的公立幼儿园成立，百花齐放，为幼儿园建设带来了新的主体，流入了新的活力。

访谈发现，家长在就读过程中的关注重心主要在以下三个方面。

首先是园区设施。幼儿享受缤纷多彩的感知体验与娱乐交流，离不开

园区相对完备的基础设施。受访者 c3 说道:“幼儿园的整体设施水平还是挺让人满意,主要的儿童娱乐设施基本有配置。”与其他省份相比,海南的建设用地空间比较大,园区选址选项多,建设用地覆盖广。受访者 c9 说“据我了解,海南的幼儿园园区基本比较大,设施也很新,孩子活动空间比较大,玩的游戏种类也很多。”

其次是整体氛围。幼儿园教学除了满足日常基本生活自理意识的培养与实践操作外,还应构建如情景想象、意境认知、环境感知、场景体验等无形环境场效应。“幼儿园教授具体的知识比较少,主要是以带孩子放松玩耍为主,因此会担心是否可以为小学学习打好基础。”(c9)幼儿园教育也需要考虑对孩子承接下一学习阶段基础学习能力的培养,为进入义务教育阶段做好学习意识与自主学习概念的铺垫。“作为幼儿园小朋友的家长,对于孩子未来有很多考虑……但是海南很多引进的所谓贵族学校,学费虚高,课程与实际课本学习联系不大。而公立学校,教学环境又比较宽松,不重视教育,如果给孩子报一些补习班就会被认为是过度学习……整体教育理念还需要提高。”(c9)。总体来说,海南幼儿教育还需更多关注未来发展型思维的培养,鼓励孩子开拓人生可能性,也避免由于家长焦虑、氛围压迫所带来的无效“内卷”。

最后是保教落实。从学习逻辑来看,幼儿园应以儿童日常叙事为主线,进行物理保健,身心养育与精神教育相辅相成的教育链条。受访者 c3 说:“比较困扰的是学前教育的课外实践活动比较少,活动内容也很简单……孩子的活动范围很受局限。”幼儿园的游戏安排多以娱乐休闲为主,缺少对学前培养深层逻辑的建构与落实。幼儿园日常安排如果只能满足基本吃喝以及充实时间等浅层次需求,而忽略了保教文化的渗透,那么文化教育会缺少一个重要的初步意识培养环节。

访谈显示,海南幼儿园的基础设施普遍较为令人满意。主要是由于海南的资源引进政策,幼儿园园区的建设资金投入得当,政府对于学前教育采取了鼓励发展、支持转型的积极态度。同时,海南城市化所带来的城市土地缩紧,产业占地扩张等负面影响较小,园区建设空间大,幼儿园的发展具有充分潜力。在幼儿发展阶段,仅关注缺乏能力培养与性格塑造的基础性活动并非可续之举。海南的学前教育应多探索教育逻辑的现实路径，渗透贯彻保教结合的教育逻辑，构建生理保障与心理健全双线方案，为海南幼儿园发展创造新的可能，也为幼儿教育阶段后续的全面和个性化发展扩宽空间。

（二）义务教育及中等教育阶段（小学、中学及高中）

小学、初中和高中作为学生的知识汲取阶段、生理发展阶段、心理成熟阶段，在整个学习过程乃至人生中都起到至关重要的塑形作用。这个阶段的教育具有时空上的延展性，教学成果不仅体现在课堂，也在学校外的教育。此年龄段内接受的教育，将会影响人的一生。然而这个阶段，学生与家长也常常因为教学任务繁重，教育竞争缩紧，升学现实压力而产生焦虑与担忧情绪。在本次访谈中，受访者们对于这一阶段的教育表达了如下观点。

1. 海南自然环境优美，学习氛围健康

受访者们认为，海南的自然环境优美，学习氛围健康。海南的自然生态环境和地理气候条件在全国名列前茅，优美的环境使得孩子们的身心健康更有保障，整体的学习氛围也较为良好。受访者 c1 表示："海南的自然环境非常好，这里的孩子运动的机会相对比较多，再加上阳光充足、有大海，而且是热带环境，生活节奏慢，因此存在心理性疾病的孩子较少。从整个人生长期维度而言，心理健康与身体健康，是非常有利于孩子的成长与长期发展的。""海南的教育突出优势是竞争压力不大，择校机制相对公平，孩子不会面临大规模的竞争，孩子们的学习环境也比较友好。"（c9）"高考压力小，转换分较为科学，避免了过度竞争。"（c7）学生如果长期处于亚健康的竞争环境中，教育便不再是人才培育的路径，而是竞争比较的借口。教育的目的并不是培养考试能人与做题机器，而是塑造一个人格完整，身心健康，积极向上的个体，帮助其追求更高学识，掌握思维模式，形成远大抱负的动态过程。

2. 教育政策扶植优质资源，具体分配存在地域倾斜

2019 年 2 月，中共中央办公厅、国务院办公厅印发了《加快推进教育现代化实施方案（2018—2022 年）》，明确将海南作为全国教育改革开放"四点一线一面"的战略支点之一，要将海南打造成新时代教育全面深化改革开放的新标杆，全面加速海南教育改革开放。这个方案的颁布，继承了海南自由

贸易港建设要求下教育新格局的总体部署，为海南教育发展设定了新的目标。同年7月9日，教育部与海南省人民政府联合印发《关于支持海南深化教育改革开放实施方案》。该方案提出，到2020年，布局合理、结构优化、立足当前、着眼长远的教育现代化建设整体规划体系初步形成；2025年，与自由贸易港建设相匹配的人力资源开发和人才聚集新高地建设取得阶段性成果；2035年，全面实现教育现代化，各级各类教育协调发展、具有中国特色的现代教育体系基本形成。这些高屋建瓴的政策制定，为海南未来新格局发展部署教育版块宏伟蓝图，为新形势教育转型提供了政策性的要求与支持。

受访者中，很多人提到了海南的政策优势。多数人普遍认同政策扶持是海南的建设优势之一，海南教育改革应顺势而为。“在我看来，海南当下所具有的优势就是政策的大力扶持。”(c5)2019年两项国家级重大教育政策的出台，体现了中央政府明确支持海南建设国际教育岛，统筹各级各类教育协调发展的战略性决策，令海南跃升为全国现代化教育总布局中的重要主体。对于政策颁布所带来的改变，“教育落实情况比往年好多了，引进了一些高校的优质师资力量，海南的教育发展空间很大，有了政策支持会往更好的方向发展。而且，政府这几年有出台就业扶持政策支持学生发展，也有新建一些综合性技术学校鼓励青少年全方位发展。”(c3)当然，政策落实的后续推进工作还需要加强，政策出台只是大厦建成的地基，未来的监管机制才是支撑大厦内部结构的支柱。“海南的教育政策虽然落实了，但长远来看还是需要加强监管。潜在问题是缺乏国际化教育，孩子接触到的知识范围比较局限，整体而言教育的未来发展方向还是需要政府的积极引导。”(受访者c2)

政策带来的优势资源需要得到合理、高效的区间分配，对此一些受访者表达了担忧。小学及中学阶段的课程学习，很大程度上与宏观教育资源的投入挂钩。此阶段教育主体不仅是受教者——学生，施教者——教师，还有家长、学者、校方、公众等多方位的介入。学生个人的发展价值、社会人才的分选功能、国家政策的走势传达，都需要依靠课本学习以及课标完成所实现。“海南高校缺乏良好的教育资源，仅有一所211学校。其他重点高中与初中也分布不多，或者是集中在几个发达地区。”(c4)教育资源直接关系到教育成果，教育资源的倾斜会在一定程度上造成区域发展的差异。“我认为教育资源的分布不够均匀，比如海口初中几个片区教育资源就存在参差不齐的情况，更何况其他的市县。因为我本人的孩子就在读初中，我能感受到不同初中的老师教育水平差异相对较大。据我了解，海口和三亚外的其他市县初中教育水平及程度可能会更差一些。因此总体而言我认为海南目前中学教育存在的问题是教育资源，尤其是师资力量不充分，这样的问题也就导致了分配的资源不均匀。”(c1)海南省当前教育资源还处于比较缺失的阶段，在此客观条件上说，区域经济较为发达的地区会更加容易获得教育资源，教育资源缺乏的反作用也会逐渐体现在区域发展上。因此从长远来看，关注教育资源不充分、不均衡发展问题，不仅是家长担心的问题，更是社会建设需要多加关注的方向。

海南教育体系借国家助推之势，把握新时代教育发展利好。受众主体应积极扩大社会参与广泛度，与财政、税务、人社、土地规划等部门协调起来，避免政策下发后权力部门消极参与，撒手观望而导致陷入执行僵局的态势。教育发展并非独居一隅，只有功能执行部门间打通沟通渠道，统一目标风向，才能最大程度协调优良资源，助力教育发展。

3.“双减”政策下，机遇与矛盾并存

2021年7月24日，中共中央办公厅、国务院办公厅印发《关于进一步减轻义务教育阶段学生作业负担和校外培训负担的意见》(以下简称“双减”政策)，旨在有效减轻义务教育阶段学生的过重学习负担和校外培训负担。一系列措施表明了国家以立德树人为目标导向，驱动教育高质量发展的建设思路。然而，对于“双减”政策，学生与家长受访者们的反馈多为期待与忧患并存。

“我认为‘双减’需要做到因地制宜，因为海南的教育水平以及教育节奏已经是跟不上内陆了，如果双减还一刀切，那么对海南而言我认为是弊大于利的。‘双减’无论对校内的课程还是校外的兴趣班都有影响，使孩子学习的机会变少了。”(c8)海南教育资源本来较为薄弱，如果一味追求减少竞争，减少“压力”，并非减负放松的惠民政策，而可能是怠惰散漫的庇护伞。当然，也有受访者关注到积极方面："这个政策对于我们家长缓解孩子的教育焦虑是十分有效的，帮助孩子减轻义务教育阶段的作业量，减轻学业负担，帮助孩子快乐成长。最大的影响是孩子更愿意主动去学习课外兴趣班，这对于孩子的健康成长无疑是很有帮助的。"(c2)从短期建设的角度来看，海南的"双减"政策的确实现了初步目标。"从长期维度来看我是支持'双减'的，它确实为海南的教育带来了很多改变。但目前整个教育系统依旧是以结果为导向，成绩依然是非常重要甚至是唯一的指标，如果这种评定标准不改变，就会出现学校'双减'，家长反而更焦虑的现象。也更有可能出现一种现象，那就是资源条件和经济条件好的家庭，依旧可以为孩子提供校外培训教育资源，但相反整体条件差的家庭，以前还可以去上补习班，现在只能找一对一单独辅导，课外教育成本更高，就只能因承受不起经济压力而放弃。如果这样，从短期上来看可能会导致教育的不公平现象，长期的话我认为这种现象会消失的。"(c1)

课内教学负担加重，课外培训机构逐渐成为基础教育的第二场所甚至可以代替校内课程；不良教育环境压缩良性教学需要，教学市场良莠不齐。"双减"政策的出台有效地限制了这种教育乱象的发生，但"双减"之后，课业减负后引发主体隐性焦虑、实际教学落实产生更大偏差，以及学业评价体系滞后，"唯分数论"导致理论与实际升学目标衔接脱轨……这些潜在问题都需要相关部门给予更多关注。然而，正如受访者反馈的那样，对于未来长期维度的教育大环境而言，居民依旧保持支持的态度，希望海南教育可以促进学生全面健康成长、构建良好教育教学生态、获得长期可持续的良性发展。

4. 延伸课外兴趣培训，关注素质教育核心需求

在中小学教育阶段，学习课本上的固有知识，达成升学目标并非唯一要求与标准，探索个人兴趣，发掘兴趣潜能，拓宽认知视野，塑造健康身心在此阶段都具有重要意义。除了学校的素质教育外，课外兴趣培训机构在海南的市场需求也比较大。"海南教育有一个潜在问题是艺术教育比较差，孩子对艺术比较感兴趣，但是没有专业老师，没有规模正规的机构，老师基本是高校刚毕业的学生，他们在机构里的流动性也比较大。"(c9)海南的课外兴趣培养存在市场缺口，市场规范化政策管制较少，提升空间较大。

结合教育转型大背景，课外兴趣培养在新课标改革与一系列教育模式转变固化导向的进程中具有值得期待的发展潜能。“双减”政策为海南教育系统带来的不仅是发展倾向新风气，更是加强教育监管、规范教学市场的警示钟。从政府部门到教学组织，再到一线教育工作者，应当审时度势、全员参与，从而形成教育合力，为新时代现代化海南教育机制建构添砖加瓦。

(三) 高等教育阶段(大学)

作为现代化发展的“轴心机构”，高等教育机构对于人才培养、承担文化传承使命与散播人文关怀意义重大。中国特色社会主义教育要求以“稳中求进，稳中求变”作为发展主要基调，在教育格局性变化中呼吁高等教育回归育人本位，构建多主体的新型高等教育体制。本次调研采访了几位在职的海南教师以及就读海南高校的大学生，他们认为高等教育目前还存在一定进步空间。

1. 培育内容契合学生发展，教育目标拓展多元方位

大学阶段，入学前的专业选择以及在读期间的课程选择，都是学生关注的重点以及教师工作的主要导向。大学到底培育什么样的能力，塑造什么样的人，创造什么样的人才环境，都是最值得思考与探究的问题。大学作为桥梁，衔接功能必须体现教育基准逻辑与培养目标。有受访者表示：“我的本科以及研究生都就读于海南，基本上我在本科就读时就很喜欢现在的专业，因此读研的时候就联系导师继续深造。我是比较幸运的，我身边很多同学可能会不喜欢自己的专业或者是迫于专业压力大选择了转专业，迷茫的同学大有人在。不过大学有一些课程确实不会给我们带来实质性帮助。”(c10)站在老师的角度上，也有受访者这样解读：“大学可以分为人文学科与理工类学科。理工学科的专业对口性会更强一些，人文专业学得偏宽泛一些，专业之间没有太大的差异，从我的个人感受而言不是学习哪一门学科，未来一定就在哪个专业就业，跨学科的情况还是很多的。”(c10)

对于大学给大学生提供的未来就业方向培训，有受访者表示需要转换思路。“在对大学专业的选择方面，很多高中阶段的学生对于社会各个方面的认知不足，只是听从他人或者家长的建议，或者是高考成绩不理想，并不

是完全自主的选择。但就业的时候就偏自主了，需要思考自己到底应该干什么。大学本科其实也强调通识教育，培养个人的底层能力，在底层能力的锻炼过程中就会从被动变成主动，开始知道自己在底层上可以搭建什么建筑。本科只是提供生长的土壤，具体搭建的东西需要自己去探索，不会像技工类学校，可以去学习一个具体的技能，这个是大学同学需要明确的。”(c1)

在把握高等教育内外部环境与发展趋势的背景要求下，高深学识掌握的战略目标与立足就业动向的实践洞察是教育全局观的重要一环。人的意识结构与发展视域往往决定了发展的路径长度，高等教育区别于先前教育阶段的一大特征就是不具备课程设置的长期性与统一性，而是更加接近错综交织，涌动不息的信息流。因此，如果陷入被动获取、片面整合以及静态不变的思维，那么高等教育对于人才的培养作用就会受到消极影响。从这个层面上看，发展终身学习观念也十分重要，高等教育不能作为海南人才培育的终点站。

2. 突破产教融合利益藩篱，完善产教联动融合体系

2014 年国务院《关于加快发展现代职业教育的决定》政策的出台，对于教育以及产业领域提出“产教深度融”战略，将产教融合从教育领域延伸至产业领域，从供给侧结构性改革扩大到需求侧改革乃至上升为国家战略，产教融合作为教育改革的重点，对建设要求赋予了新的内涵与使命。从此意义上来谈，产教融合将在新导向中发挥耦合人才资源与产业要素的中心轴作用，以教育供给和产业需求双向联动模式，为生产力输送可持续发展的高质量人才。

产教融合指的是教育行业所培育的人才可以直接对标企业招聘需求，形成人才输出的链条。在海南高等教育未来发展的宏观架构下，受访者有如下体会：“我认为海南还是以热带农业和旅游业为主，缺乏高新技术等专业的支持。建议可以利用优美的环境适度发展高端产业，引入科研实验室等。”(c4)在高端产业发展方面，海南已经采取了积极的资源引进与政策扶持等措施，然而产业的落实还需要时间的沉淀，因此贯彻发展逻辑基准，加快市场良性流动，优化产教资源配置显得尤为重要。有就读于中外合作办学的受访者提道：“以我的了解，海南拥有中外合作办学的学院和中外合作

办学的项目，这种办学方式比较新颖，在一定程度上也弥补了国内专业存在的空缺。虽然国家对海南的扶持力度大，但经济等方面与内陆很多城市还存在差距，所以导致教育水平以及教师资源可能比较欠缺。”(c5)目前海南省内产教融合存在产业资源差异，发展不均衡的情况，因此资源优化与转型和整合补足产业倾斜应共同进行，相辅相成。在海南大学就读法学的研究生受访者反映：“从法学专业来看，发展方向还是比较明确的。本省过半的法律界人士，会与海南大学法学院有联系，校友资源在当地较为明显。”然而他也表示：“本地高校过少，好学校更少，学生也较少，无法形成联动，学生整体质量不高。”(c7)由此可见，高等教育不仅需要重视科学研究与学术传授，还要发挥就业以及社会发展的输送与协调功能。

与此同时，海南当地人才储备有本土培养与外来引进两种模式。如果只将重点区域放在引进外来人才，为外来学生提供就业岗位而忽视本土学生的就业需求，就会导致本地教育与就业失衡，也将导致人才储备不足的情况。“一味地引入外来人才，不注重本地教育，为海南本地产业发展留下很多隐患。”(c8)产教融合是利益、情感、文化和责任四位一体的命运共同体，各参与主体应在义利统一、情理交融、开放包容、互融共生方面进行有效联结和深度耦合。因此，如何将融合共同体中的多主体有效、深度地参与融合，协调本地产业与教育和外来企业与人才的资源分配关系与发展偏重，在利益的基础上实现价值互认、项目驱动的积极情感构建，依旧是产教融合共同体建构与落实的核心要义。

产教融合不仅是一种状态，还必然会产生新的产教融合体。海南省的教育发展与社会发展依存模式具有较大的发展空间，这必将是一个动态发展过程。有受访者对海南当前的产教协同持积极态度：“海南人口少，联动方便。实施省管县体制，改革方便。产业发展灵活性强，前景较好。”(c7)依托良好区位，可以将当前教育资源劣势化弊为利。“产教融合结果说”对于产教融合内涵的诠释更强调“融合结果”的方面，以新的融合体或新的增长点为基本标志。从此意义上说，如果仅仅是具备产教融合的发展基础与发展趋势，并不能认为海南教育产业的融合结果必然产生。产教融合是职业教育与产业深度合作的产物，两者理应在建设初期目标的制定上就达成一致，加深发展趋同性与联动性，对此也有受访者表达了担忧："教育与当地产业结合不够得当，还需要加强，我认为海南的教育引导方向和本地就业的关联性不算很大。"（c2）

对于如何具体落实产教融合，在采访中有支持的声音认为海南已经步入发展阶段，未来成果的显现值得期待："单论教育相当于单条腿走路，培养人才但缺少产业是不行的。人才肯定是哪里有产业、有其施展的空间，才会去哪里。发展所谓的高新技术产业，首先要把企业吸引进来，再与高校进行产教融合，甚至是给企业定制需要的专业，培养人才。其实在苏州、上海、广东等一些企业尤其是制造业发达的地区，很多企业会选择主动联系高校，共同探讨培养方式，以求将高校毕业生无缝衔接到自己企业。或者是由高校提出就业合作，企业积极配合。这样就形成了一种良性循环。"（c1）形成省内资源协调联动，延续教育产业同生共处的思想脉络，结合我国宏观制度需求以及省内具体情况，海南省的产教融合已经经历了半工半读、联合办学、工学结合、校企合作、校企协同育人五个阶段。尤其是在海南经济面向高质量发展阶段，校企合作、校企协同两种探索形式的重要意义便日益凸显。

3. 借力地理区位优势，丰富教育交流机会

2018 年 4 月，中共中央、国务院印发了《关于支持海南全面深化改革开放的指导意见》，创设了海南建设国际自由贸易区和中国特色自由贸易港的发展思路架构，为海南的对外开放与跨区域交流打开新局面。从对外展示的层面上说，海南教育改革的有效深化，能够给全国省级新政执行带来良好示范效应。从自身区位优势上谈，相比于国内其他省级教育政策，海南教育改革执行独具特色，既有借国家对于海南自由贸易港建设要求的宏观要求，助推行动势能的有益累积，也有权责部门区域协同、产业优化的自身基础，发展劲头正盛。

在采访中，受访者对于海南的区位优势充满信心。"海南利用地理区位优势，利用自贸港政策优势，可以进行深刻的教育改革。"（c5）也有受访者表示："海南教育的突出优势在热带植物或者农学方面。"（c8）但不可否认，海南的区位特征也存在劣势。"从大的总体环境来谈，海南的经济发展相对偏滞后，属于追赶型省份，虽然这两年经济发展水平较快，但还是会受到地域

条件的影响。这个小岛没有足够的地和条件发展工业,农业和服务业占比大,以前有地产,但也是有局限性的。不过海南的区位优势可以避开薄弱产业,转向第三产业,当前相关的教育在专业方面也有了很多改变和提升,这也是将劣势变优势的很好方式。”(c1)海南教育对于社会层面的功能性意义值得给予更多资源投入,产业区位动态需求不仅在于国内外市场流通形势,也在于教育系统内部的人才就业。如何发挥省内优势的不可替代性,融合省外发展要素协调配合,是当下对外交流的重要课题。“在引入国际教育体系方面具有一定的普世意义,相较其他地区有相对优势——在教育的战略地位、支撑体系与法律保障体系建设等方面可以积极借鉴国际教育模式,吸纳发达国家的经验。”(c6)海南省作为全面深化改革开放试验区,其发展的重大机遇便体现在将“引进来”与“走出去”的积极效能有机结合,顺应教育改革势能,推动教育新格局建成。

跃迁发展区位优势的存在,使得政府相关部门以及教育参与主体发挥的主观能动性更加令人期待。海南教育事业的发展绝不能停滞于对优秀省份政策的效仿与套用,亦不能囿于各地建设经验的机械拼凑与组合。立足长远目标,深耕自身文化,配合开放资源,才是将区位可交流性发挥最大化的最佳答卷。

(四) 继续教育阶段(成人)

我国继续教育事业始于 20 世纪 50 年代,它的存在完善了高等教育体系,从更加深远的时间维度促进了高等教育大众化,与人力资源工作、社会经济发展息息相关,属于终身学习体系中的重要部分。高校学历继续教育根据不同的社会阶段以及发展诉求具有不同的时代任务与建设内涵,第一阶段的建设初衷旨在为新中国的社会主义建设培养在职干部,给予其教育和培训的机会;第二阶段主要是为无法进入全日制学习的在职从业人员提供高等教育的机会;第三阶段则是为无法进入全日制大学学习的高中毕业生群体提供接受高等教育的机会。继续教育具有独特的教育地位以及社会衔接性,至今已经依托人才管理变革与技术更新迭代开拓了夜大学、开放大学、在线课程、函授教育等多种形式。海南的继续教育基础较为薄弱,但得益于整体部署的前瞻性与技术协作的战略性，发展潜力很大。根据访谈反馈，我们发现海南当下的继续教育在以下领域值得给予更多关注。

1. 完善教育评价机制，推动成果转化激励

继续教育区别于之前阶段的教育形式，主要是缺少规范化准则化的评估机制。中学教育阶段有中考、高考等大规模的标准化水平测试，大学学习阶段也有期末考试、综合素质评价等测试体系，研究生及博士生阶段则有学术成果标准以及对接工作的考核系统。而就目前为止，海南的继续教育缺乏具有广泛社会认知以及具备国际公信力的教学内容评估系统以及教育成果转化平台，无法保障人才输送与产业衔接。继续教育输入—输出的闭环链条尚不成熟，输出成果良莠不齐，导致社会认可度难以达到其他教育阶段水平。

"海南教育系统与当地就业耦合度远不及发达国家平均水平，比如在美国，为保证执业医师的质量，各州均实行执照复核制度和相关的医师继续教育制度，不符合者吊销执照（如 150 学时继续教育）。"（c6）海南的就业岗位绩效评价与继续教育的联系并不深，教育成果很难在就业岗位上得到直观化的验证。同样，就业岗位上出现由于技术能力以及理论基础不足而导致的失误，也没有相应的在继续教育阶段惩戒弥补的机制。发达国家的评估与转化系统，值得海南学习借鉴。受访者还指出："20 世纪末，德国制定了 IT 领域继续教育方案。该方案将 IT 领域继续教育分为四个层次：技术工人、技术专家、实施专家和战略专家。法国对已有 1 年农业实践经验的青年农民也要进行 2～3 年的培训，规定农业从业者必须接受职业教育，毕业后分别发给普通或高级国家农业证书。取得合格证书的农民也就取得了经营农业的资格，可以享受国家补贴和优惠贷款。"（c6）

无论是建立保障教学成果、规范教育内容的评价机制，还是建构促进教学实效，鼓励教育提升的激励模式，都是提高海南继续教育事业标准的必要措施。只有明确教学目标，建立具有公信力及认可度的评价标准，才能加强教学管理，突出模式优势，促进继续教育为更多人带来的实质性能力提升，使其成为人力资源建设的重要一环，让其在构建教育新发展格局中大有可为。

2. 投入规模有待扩大，参与主体有待丰富

海南新发展格局的架构，其底层逻辑是以人才驱动科技创新，用科技创

新推动高质量发展，然而海南目前的继续教育与教育整体机制存在脱节现象。从基础层面上讨论，就是政府对于海南继续教育的关注程度不高，投入资金不够，规模化建设动力不足。“继续教育是企业获得所需合格人才的重要方式。”海南大部分企业的员工招收标准多以就业前学习水平和实践工作经验为主，并未将员工入职后会接受的继续教育纳入考核范畴。由于没有形成与企业考核衔接的标准，继续教育缺少规模化需求链条，因此对人才的培养后续力量不足。

“在很多发达国家，政府对继续教育的财政支持力度很大，而且还建立了政府、企业、社会、个人共同投入的成本分担机制，但是目前在海南还没有看到这样的协同经济支持。”(c6)继续教育行业的规范完善，需要更多资源与政策监管。将继续教育作为终身学习型人才的培育基地，以教育与就业契合的培养目标，发挥对接岗位实际需求与个人长续发展的独特作用。继续教育是知识经济成功之本，从更高站位布局，提高继续教育参与率，扩大继续教育影响力，使其在市场竞争力的提升以及区域经济产业融合方面发挥重要的关键性作用。

3. 留住“本地人才”迫在眉睫，用好“候鸟人才”任重道远

“得人之要，必广其途以储之。”海南高质量发展，离不开基层社会服务的步步落实与社会治理的层层把控，满足人民群众多元化、日益增长的美好生活需要，人才资源是关键因素。海南社会工作人才队伍建设不仅需要政策赋能，而且需要利用已有优势，多层面、多维度培养社会职场人才，并提升其专业化、职业化水平，加强人力资源对于社会建设的积极作用。

受访者对于海南省目前人才建设中的人才流失表达了担忧，有受访者从教师的角度说：“从吸纳大学生就业方面来说，海南存在先天的不足，目前优秀的企业在海南落地的太少了，所以像海南大学培养的毕业生，可能更多的还是愿意去一二线城市发展。因为从就业单位、岗位来说，对于就业期望比较高的学生，都希望前往一些体量大的企业，但是这样的企业目前在海南还是偏少。”(c1)“尽管政府出台了一系列的就业补贴政策，但缺乏留住人才的机制，吸引毕业生留下来的能力明显不足。能给学生提供实习机会的单位较少，岗位紧缺，很多学院的应往届毕业生在海南很难找到稳定的工作单

位。”(c4)由于企业不多，市场需求薄弱，导致人才在海南就业市场择业选择少，留琼机会少。这也在一定程度上给予了海南当前完善继续教育产业，提升现有产业员工能力水平，鼓励市场主体活跃的建设方向与思路。

也有受访者认为就业的机会存在产业倾斜。“我认为这个人才留琼问题针对不同的专业有着不同的结论。海南当地就业大多都是与旅游业相关，因此与旅游相关的专业可能会比较符合当地的需求。但问题是，学习其他专业的学生何去何从呢?”(c5)针对海南产业发展所带来的专业就业问题，有受访者建议:“海南产业相对比较单一，是导致人才流失的主要原因。因此需要先引进学科，为未来相应企业做人才储备，使人才培养成为吸引企业的又一优势条件，比如海南大学就正在建立如密码学、脑科学、生物制药等理工科学科，这也是一种提前布局。”(c1)海南本土教育人才以及外来引进人才如何在区域定居，保持稳定发展局面，并非人才政策一个方面可以完成的。行业部分协同发展，产业教育达成合力，共创教育阶段高效衔接、资源配套的稳定态势。

海南还存在一批特殊的人才——“候鸟老人”，他们涉及领域广泛，年龄普遍较大，大多有着丰富的工作经验，凡是社会上有的岗位，在这里几乎都能找到，医生、教师、科技工作者。不仅如此，他们经济基础好，人脉资源广，在海南养老的同时，把消费、智囊、人脉，甚至子女也都带到了海南。“候鸟人才”以其带动的人才效应将为海南教育行业带来新的发展方向和实际需求，丰富人才引进多领域战略，值得给予更多期待。

留住本地人才，用好候鸟人才，海南的人才储备工作任重道远。一方面，岛内人才教育需要时间，也需要社会给予更多宽容空间，提供进修机会与工作本土化岗位，为人才进入市场积累社会工作经验。另一方面，外来引入的高端人才，往往会因为其父母安置问题以及子女上学问题产生困扰，因此他们区域流动性强，长驻海南阻碍多。

二、不同教育阶段应因势利导

根据对海南居民就教育行业的满意度访谈，我们认为海南教育行业整体形势稳中向好，多数受访者在表达了建设意见与前景思考的同时，更表达了对海南未来教育新格局建成的坚定信任与美好期盼。在充分利用好区位优势、政策优势的前提下，海南需要清晰认识到，教育是区域经济发展的重要路径之一，需要多主体、多部门、多层面统筹协调，不能一蹴而就，也不能只依赖宏观政策的部署。教育的培育规划与教育结果的输出，不仅发生在课堂的一隅之地，更是全社会资源协调共同努力的结果。坚持党对教育事业的根本领导，把立德树人作为发展的根本任务，坚持扎根本土办教育，深化教育改革创新，优先发展教育事业，以坚定的教育战略定力不断前进，提升居民对于海南教育事业的满意度，构建海南的教育发展新格局。

第四节　社会保障与居民生活水平

自改革开放以来，中国居民生活水平持续上升，人们生活重心已展现出从物质温饱转移到精神追求的趋势，但不可否认的是，物质基础仍是居民生活中不可割舍的重要组成部分。生活水平通常是指与人们的收入水平或消费水平相关的物质和精神生活的客观条件或环境的变化。生活水平和生活质量的区别在于，前者只能用客观指标来衡量，而后者还可以用主观指标来进行评价。通常来说，生活水平是可以被量化评估的。

“生活水平通常通过人们的衣食住行以及健康、教育、文化、娱乐、社交等反映人们生活条件或环境的客观指标来进行测量与评估。”1978年，联合国进一步修订的《社会和人口统计体系》将测定生活水平的指标分为十二大类，分别是：出生率、死亡率及其他人口学特征；医疗卫生条件；食品消费；居住条件；教育和文化；劳动条件和就业率；居民的收入和支出；生活费用和消费价格；运输工具；休息的安排；社会保障；人的自由。也有一些常用的衡量生活水平的单一的指标，例如人均总体收入指标、人均可支配收入指标以及恩格尔系数等。除此之外，联合国粮农组织提出了一个用恩格尔系数判定生活发展阶段的一般标准：60％以上为贫困；50％～60％为温饱；40％～50％为小康；40％以下为富裕。而我国已经全面建成小康社会正是通过这一标准所得出的结论。

当前海南正在高标准高质量地建设自由贸易港，了解当地居民生活水平，并根据真实情况及时做出相应的改善与调整是非常必要的。只有基本物质生活有了保障，生活水平有了改善，居民才能全心全意地投入海南自由贸易港以及祖国的建设当中去。本调研以采访的形式，结合衡量生活水平的相关指标，从居民收入、物价水平以及房价水平三个方面对居民的生活水平进行了分析总结。

一、居民收入现状分析

随着生活质量研究的兴起，越来越多的人开始关注居民收入对于居民生活质量以及居民生活幸福感的影响。本调研中所提及的居民收入主要指个人收入。幸福感可以分为主观幸福感和客观幸福感，而客观幸福感的衡量标准则包括了个人收入、教育、医疗以及生活环境等指标。这表明居民收入对于居民生活的幸福感是有一定影响的。尽管居民收入并不是幸福感的决定性因素，但从目前社会上普遍情况来看，低收入群体的幸福感要明显低于中等收入以及高收入群体。由此可见，客观生存条件对于居民生活幸福感的制约是不容忽视的。从调研结果看来，海南居民收入具有以下特点。

1. 收入消费水平不匹配，整体收入水平需提高

根据 2021 年海南统计年鉴，海南人均可支配年收入为 30 457 元，折合人民币约 2 538 元每月，人均可支配收入低于国家平均水平，其中服务行业一线员工的收入普遍较低。但衡量收入水平的高低，往往还需要联系当地消费水平。据统计，海南省人均消费年支出约为 22 242 元，折合人民币 1 853.5 元每月。“海南目前收入普遍偏低，消费却普遍偏高，收入和消费水平不匹配。”(d12)“在海南物价居高不下的大环境下，大部分人月均收入仅三到五千左右，这样的收入水平很难支持一家人的物质生活需求。”(d1)。据采访结果显示，30%左右的受访者指出海口居民收入相对较低。但相信随着自贸港建设，势必会加快海南经济的发展，从而使得居民收入得到进一步的提升。

本次调研中的大部分受访者属中等收入水平，23.3%的受访者对目前的收入水平感到满意，30%的受访者表示较为满意，23.3%的受访者表示对

于当前收入水平感到一般，剩余23.3%的受访者则对收入水平感到较为不满意或不满意。总体而言，海南人均收入水平低于全国人均收入水平，但海南人目前对于收入水平满意度却较高，这和海南本地人的生活习惯以及生活节奏相关。海南总体生活节奏较慢，居民较易获得满足感。随着外来人才以及劳动力大量涌入海南并加入自贸港的建设与发展，海南整体的居民收入仍需提高，以此将人才以及劳动力留在海南。

2. 收入分层较为严重，城乡差距逐渐扩大

收入分层较为严重是目前海南居民收入方面所面临的较为严峻的问题。据采访报告显示，有超过70%的受访者认为海南目前的收入分层较为严重，收入层级结构较为不合理。而随着收入差距日趋增长，社会财富分配不均的问题日趋严重，不同社会群体的利益分化会越来越明显，这些都将对民众的幸福感造成不可忽视的影响。若是收入分层的问题没有得到及时解决，低收入群体的工作积极性以及生活幸福感将会受到影响，从而对于自贸港建设造成一定程度的影响。例如，服务业一线员工的服务态度将会直接影响到海南各行各业的发展。

除此之外，海南城乡收入差距也在进一步扩大。2010—2020年的十年间，城乡居民收入皆迎来了较大的增长。相比于2010年，乡村常住居民人均可支配收入在2020年达到了16 279元，翻了将近两番。而城镇常住居民人均可支配收入也翻了一番，达到了37 097元。总体而言，海南省整体城乡居民收入呈现较好的增长趋势。但相比于2010年10 000元左右，2020年的城乡差距进一步扩大，达到约20 000元。

总体而言，自海南建立国际旅游岛以来，居民收入得到了明显的增长，海南本地的基础设施也得到了相应的完善。建设自由贸易港将会是海南另一契机，毫无疑问居民收入将会继续迎来增长。但就目前而言，海南省人均可支配收入仍低于国家平均水平。如何解决收入分层较为严重、城乡差距进一步扩大以及居民收入消费不匹配等问题，将成为海南未来发展所必须解决的问题。

二、物价水平现状分析

“物价水平是指整个经济的物价，而不是某物品或某类别物品的价格。”

物价水平整体趋于稳定，有着重大的意义。它不仅象征着经济与货币相对稳定，还意味着财政的相对稳定，是衡量国家平稳发展的重要指标之一。调研发现，海南的物价水平具有以下特点。

1. 物价水平变化较剧烈，居民生活满意程度下降

调查结果表明，受访者中共有39%的人认为海南物价水平变化剧烈，23%的受访者认为较为剧烈，15%认为物价水平变化一般，8%认为较为平缓，剩余15%认为物价水平变化平缓。但值得注意的是，据采访显示，仅有8%的受访者对于当前物价水平满意，其余92%的受访者对于当前物价水平持较为不满意以及不满意的态度。

受访者认为蔬菜、肉类以及本地餐饮业相比于内地价格普遍偏高，当地水果价格相对而言较为合理(d1，d3，d4，d8，d10)。物价变化较为剧烈的影响因素可能有极端天气(d10)、政府政策变化以及自贸港建设所带来的热点影响等。“海南省作为旅游大省，物价很大程度上受到了旅游业的影响，部分旅游景点附近有乱抬价的现象，对于当地居民的生活造成了影响。”(d11)由此可见，旅游业的发展也对当地的物价水平有一定程度的影响。

居民消费价格指数是衡量物价水平的方法之一，当居民消费价格指数增幅超过3%则会发生通货膨胀，而超过5%则是较为严重的通货膨胀。近十年来，海南居民消费价格指数在2011年达到最高值，产生了较为严重的通货膨胀的情况。在2011—2015年期间，居民消费价格指数逐年降低。此后，仅在2019年产生了通货膨胀现象，其余年份均没有超过3%。总体而言，海南物价的确在逐年递增，但还未出现过多不可控的情况。

据2021年海南统计年鉴显示，在2020年各项居民消费价格指数中，食品烟酒的涨幅最大，达到了108.2，超过了5%。这意味着2020年食品烟酒在人们总体消费中所占比例相比2019年有所增加，同时也可能代表着居民生活的恩格尔系数出现了增长。“海南目前商品质量相对于北上广仍有不小差距，但物价却已经非常接近。”(d11)由此可见，海南居民迫切希望在确保商品质量稳步提升的同时，能够有效地将物价水平控制在合理的范围。

2. 恩格尔系数高于平均水平，人民生活水平有待改善

恩格尔系数自提出以来，对衡量居民物质生活水平起到了重要作

用。我国在大力推进全面小康的过程中，也将恩格尔系数作为重要指标之一。除此之外，恩格尔系数还被作为衡量地区贫富的重要指标之一。恩格尔系数指的是食品支出总额占个人消费支出总额的比重。据19世纪德国统计学家恩格尔总结的规律："一个家庭收入越少，家庭收入中(或总支出中)用来购买食物的支出所占的比例就越大，随着家庭收入的增加，家庭收入中(或总支出中)用来购买食物的支出比例则会下降。"由此可见，恩格尔系数越高，一般而言家庭总体收入较低。虽然个体存在差异性，但就整个社会而言，恩格尔系数的高低无疑可以用来衡量社会经济的发展情况以及贫富情况。近年来，中国的恩格尔系数总体趋势一直下降。2012—2021年，中国恩格尔系数从33%降到了29.8%。其中最低值达到了28.2%，在2020年受到疫情等多方面因素影响，略有提升。

2013—2016年间，海南城乡居民恩格尔系数较为稳定、波动较小，维持在40%左右。2016—2019年间，海南城镇居民恩格尔系数迎来了较为剧烈的下降趋势，其中2019年达到最低水平34.3%，2016—2017年间下降幅度较大，达到了1.3%，2017—2019年间几乎没有波动。在2020年，海南城镇与乡村居民恩格尔系数均有较大幅度的上涨，分别为37.8%与43.8%。由此可见，2016—2019年间居民的生活水平得到了较大改善。而2020年受到疫情的干扰，居民生活受到了影响，生活水平下降幅度较大。但预计疫情结束后，在自贸港建设的大背景下，居民生活水平会不断改善，恩格尔系数将会呈现下降的趋势。

对比海南城乡居民恩格尔系数与中国平均水平恩格尔系数可以发现，目前海南经济发展仍低于平均水平，居民恩格尔系数仍显著高于平均水平，其中影响因素包括居民收入以及物价水平(重点是食品烟酒)。近年来海南居民生活质量也有了一定程度的提升，但距离目标水平仍有不足。随着政府的政策变化、旅游业的发展以及自贸港建设的进程加快，物价水平会受到不同程度上的影响。物价水平稳定是确保社会经济稳定发展的前提，严格管控物价才能使得居民安居乐业，从而进一步提升居民生活水平以及生活质量。

三、房价水平现状分析

“自2003年起，我国便开始经历一场场房价上涨的大潮，时至今日，房价还在不断上涨中，房奴、蜗居已成为社会的普遍现象。”受访者d13表示：“海南目前房价、物价均偏高，居民收入跟不上导致当地居民无力承担房贷，从而无法购置房产。”近年来，海南坚持以人民为中心的发展思想，牢牢把握“房住不炒”的原则。随着房控政策的出台，政府开始全面清理管制房地产企业以及中介机构违法违纪行为，从多方面遏制房价恶性增长的问题，从而进一步促进房地产行业持续稳定健康发展。

回望过去，海南房价发展总共可以被概括为四个阶段。第一阶段，起步阶段。海南是中国最年轻的省份和最大的经济特区，自1998年海南省委省政府正式挂牌至1992年，海南房价一路高涨。1991年至1993年，海南房价从每平方米1 400元涨至每平方米7 500元，房价增长高达5.4倍。其间，多达两万家房地产公司涌入海南，掀起一股“炒房”热潮。第二阶段，入冬阶段。随着国家颁布政策，终止房地产公司上市，控制进入房地产行业的资金，房地产业进入了大萧条时期，众多项目被叫停，烂尾楼现象在海南变得十分普遍。这一时刻也因此被称为海南房地产发展最为黑暗的时刻。第三阶段，救亡阶段。1999年，国务院拿出了5亿元，开展处置海南积压房地产工作。随着积压房产的逐步清仓，市场也逐渐复苏。在这一阶段，海南省着手处理烂尾楼以及众多积压房地产项目。第四阶段，复苏阶段。随着《国务院关于推进海南国际旅游岛建设发展的若干意见》公布，海南房地产迎来新一轮的发展。2010年，海南商品房均价由过去的5 000元/平方米，涨破10 000元/平方米。三亚的个别高端楼盘价格，已经超过10万/平方米，房价进入快速上行期。相比于第一阶段，海南省政府已经有了相应的调控措施，并没有放任其自由发展。

据采访结果显示，受访者中仅有23%的人对于当前房价较为满意，15%的人持中立态度，其余62%的人都表示对当前房价较为不满意或不满意。截止至2022年5月，海南全省房屋交易均价约为每平方米18 273元，其中房价最高的三个地区分别是三亚市、陵水县和乐东县，每平方米价格分别达到了 34 240 元、30 852 元和 19 168 元。

按照海南被中央赋予新定位，海南不仅要建成一流的海岛休闲度假旅游胜地，更承接建设自贸区、自贸港的政治优势，未来海南或将成为中国服务业对外开放的重要窗口。自贸港的政策优势、自然环境的优势以及充满希望的未来发展前景，这些因素造就了近十年来海南房价涨幅在中国各省中处于领先地位。据统计，2008—2019 年间，三亚与海口累计房价涨幅位居全国前二，海南房价涨幅目前已经追平国内一线城市，三亚房价收入比达到了 27.6，仅次于深圳。房价收入比直观地反映了当代劳动力的住房压力，许多本地工作者的工资收入并不足以支撑其购房。即使买房，也需要承担巨大的房贷压力。“海南的房子有很多外地人来购买，房价再高也能够卖得出去，当地居民的收入根本无法承担起买房的重任”(d12)。

高昂的房价以及较高的房价收入比不仅给当地居民造成了较大的影响，还会影响人才和劳动力的流动。高房价城市虽然意味着更多的机会、更好的发展前景、更好的公共服务以及基础设施，但同时也意味着外来人才以及劳动力的生活成本将会进一步增加，创业风险也相应增加。这无疑从一定层面上抑制了海南自贸港建设的人才引进工作，也对海南的创新创业工作有一定影响。

为促进海南自贸港建设，人才和劳动力的引进，当地居民的生活水平和幸福指数等都是需要关注的重点。就房价水平而言，目前海南房价上涨趋势不可逆。房价问题归根到底是房价收入比过高的问题。为解决上述问题，政府应当管控房价上涨速度，适当提高劳动者薪资待遇。除此之外，政府还可以改善农村基础设施，完善农村公共服务。不仅可以起到一定的引流作用，还可以一定程度上缓解农村往城市购房定居的需求。只有较好地解决了居民收入、物价、房价等问题，自由贸易港的建设才会驶向发展的快车道，人们的生活水平才会有所改善，生活质量才会有所提高。

四、社会保障现状分析

作为社会民生的必要组成部分，同时也是必不可少的部分，社会保障充当着居民基本生活水平保障的角色，其本质是国民收入的再分配，其目的是维护社会公平、保障公民基本生活需求，其责任主体是国家或政府。中国社会保障制度主要包括了社会保险、社会福利以及社会救助等内容。而社会保险又包含养老保险、医疗保险、工伤保险、失业保险、生育保险以及住房公积金等。自党的十六大以来，党和国家越来越重视民生问题，社会保障制度也在逐年得到完善与改善。调研结果表明，海南的社会保障现状具有以下特点。

1. 社会保障基本健全，各项功能稳定发挥

社会保障的基本功能大致可以被归纳为以下几点：① 既保障社会稳定，又促进经济发展。② 既有利于社会公平，又有利于提高效率。③ 既保障公民生活，又激励公民积极劳动。④ 提高公民素质，促进社会进步。总体来说，社会保障制度在维护社会稳定方面发挥着举足轻重的作用。社会保障制度由中央统一制定，各省并没有不同。不同的只是每个省份关于社会保障政策的落实程度与落实进度。就海南目前而言，社会保障事业正在稳步推进。据统计，"十三五"期间，海南全省基本养老保险参保人数达到630.16 万人，参保率达到 91%。工伤保险参保人数达到 170.06 万人，失业保险参保人数达到 194.66 万人。

采访中，超过 75%的受访者认为海南省的社会保障制度较为完善，且几乎全部受访者认为海南省目前的社会保障制度相比于之前有了较大改善。也有受访者认为相比于对青少年和老年群体的社会保障，中年劳动群体的社会保障还需要改进(d2,d3)。但总体而言，海南目前的社会保障政策还是可圈可点的，青少年、中年、老年和退伍军人都能享受到社会保障制度带来的福利(d11)。

2. 健全多层次社会保障，切实改善居民生活水平

海南目前正在健全多层次的社会保障制度，其中重点体现在以下几个方面。针对老年群体，政府将完善第二、第三支柱养老保险制度。同时为积极解决人口老龄化问题，政府将进一步完善基本养老服务制度和多层次养老服务体系，新增普惠性养老床位 2 000 张。针对中年劳动群体及其家庭，政府提出"提高失业保险和工伤保险基金省级统筹水平，职工门诊费用纳入统筹基金报销。健全低保、特困、低保边缘家庭社会梯度救助格局"等规划。

除此之外,政府还会进一步完善退役军人服务保障体系,启动省残疾人康复中心建设,并发展慈善等社会公益事业,确确实实地为老百姓办实事。

据研究及采访显示,目前海南省社会保障制度较为完善,且能够为当地居民的生活提供不同程度上的改善。但随着海南自由贸易港的发展,越来越多的人才将会涌入海南。想要更好地留住高质量人才,除职业薪酬待遇外,一套完善的社会保障制度体系才是能够使人才在海南尽情施展才华的有力保障。

第五节 就 业

就业作为民生问题的一大重要板块,一直以来都是国家以及地方政府关注的重点。目前,中国已经步入全面小康社会,居民生活满意度有了显著提高。若需更进一步提升居民生活质量,从客观角度入手,便是提升居民收入水平。而与家庭收入息息相关的,便是就业问题。解决了就业问题,家庭经济收入就会显著上升,家庭生活状况就会显著改善。

一、行业发展趋势较好

(一) 海南越来越多的行业发展趋势良好

近年来,海南省第三产业就业人数稳步上升,旅游业对当地经济的带动作用不可忽视,但这并不意味着海南只有旅游业。随着自由贸易港的建设,越来越多的行业迅速发展。

在13位受访者中,有刚就业的应届毕业生以及各行各业的员工。受访者d1认为海南目前就业机会较多,但大部分仍集中在旅游业、房地产、对外贸易、海洋等相关产业等领域。这一观点也得到了大部分受访者的认同。“我认为就业领域较为全面,但相对来说大多数领域做得不够精细拔尖。单从校园招聘信息来看,对于专业技术要求不高的销售等领域,还有计算机等热门专业领域的企业较多。而非热门专业能从事的领域就较为缺失。”(d4)部分受访者表示:“随着自由贸易港的建设,相信海南的就业领域将被进一步完善。”海南的就业情况具体如下。

1. 各行业总体发展趋势较好，就业重心逐渐向第三产业转移

根据2021年海南统计年鉴，海南目前就业情况较好，总体就业人数逐年稳步上升，就业重心由第一产业逐渐转向第三产业，并且第一第二产业就业近年来逐年递减，第三产业逐年递增。随着自由贸易港的逐步建成，这一趋势预计仍将延续。2021年海南制造业的就业人数已达254 664人，但从各个行业的总体情况来看，就业人数最多的依旧是农、林、牧、渔业和批发和零售业、住宿和餐饮业等。

2. 乘自贸港建设东风，特色行业将进一步发展

得益于政策扶持和海南本地的自然条件，海南部分行业的发展明显快于其他行业，例如旅游业、加工制造业、会展业和互联网行业，随着自贸港政策的逐渐落实到位，预计这些行业还将迎来新的发展机会，综合实力也将会进一步得到提升。

在这些特色行业中，旅游业首先得到发展。作为旅游大省，旅游业一直是海南经济的重要支柱产业。随着自由贸易港的建设，海南旅游还将迎来新一轮的发展。主要体现在以下几个方面：① 免税政策扶持，免税购物游客大批涌入。对于目前海南旅游市场的游客而言，免税店已经成为必去的“景点”之一，因为免税购物而产生赴海南旅游动机的游客也不在少数；② 大批企业入驻，商务旅游得到发展。以商务、会议为目的的商务旅游一直是旅游业的一个重要的组成部分，其消费水平普遍高于一般的观光休闲旅游，不仅会促进当地住宿和餐饮业的发展，也会提升周围景点的人流量；③ 旅游品类增加，个性化旅游产品发展趋势良好。随着人们生活质量的提高，人们对于旅游的需求越来越大。近年来，文化旅游、医疗旅游、养老旅游逐渐出现在了公众的视野。2013年，国家在博鳌设立医疗旅游试行点，并给予优惠政策扶持。截止至2016年，已有20个高端医疗项目开工建设，年内还有20个项目落地。而随着海南自由贸易港的发展，将会有更多医疗企业入驻。这不仅改善了海南本地医疗水平，也推动了海南医疗旅游的发展。

(二) 未来五年，海南将抢抓“大众旅游时代”新机遇

海南将全面启动全域旅游示范省创建、百个特色产业小镇、千个美丽乡

村建设，实现旅游全域规划、全域打造、全民参与、全民共享，做优做精旅游特色产品，努力将海南建设成中华民族的四季花园和中外游客的度假天堂。

加工制造业也是海南未来具有发展潜力的特色产业之一。海南加工制造行业将会进一步发展的依据主要在于“对鼓励类产业企业生产的含进口料件在海南自由贸易港加工增值超过30％(含)的货物，经‘二线’进入内地免征进口关税”。在这样的利好政策驱使下，国内外众多加工制造企业将会嗅到商机，到海南寻求发展机会，这将会促进海南加工制造行业的整体发展。

会展业作为与旅游密切关联的产业，在海南也得到了充分的发展机遇。在海南，无论是大型会议、展览展销、博览会，还是体育竞技赛事、文化活动和节庆活动，都与旅游服务业密不可分。会展业在海南有着得天独厚的发展优势，不仅拥有天然的、各种不同类型与规模的会议会展场地，交通、酒店、餐饮等旅游配套和城市风景、环境、气候等自然条件都能满足会展业的标准需求。近年来，海南会展的数量逐年增多，规模日益增大，规格及影响力也不断增强，发展趋势逐渐专业化、市场化和国际化。特别是博鳌亚洲论坛、消费者博览会、环岛自行车赛、国际大帆船赛、海南国际电影节等一系列重大国际国内高端会展和赛事的举办，推动了海南会展业向更高端更优质的方向发展。而随着自贸港的发展建设，海南会展行业的地位和作用将在整体经济发展中更加突出。

随着科技的进步，互联网逐渐深入人们的生活。互联网行业在全球迅速发展，并与旅游业、零售业等形成融合发展态势。目前，海南互联网小镇已经开始建设，并已拥有多达四千多家企业入驻。日后，海南互联网行业将会进一步与农业、旅游业、物流、医疗等行业融合，得到新的发展机会。

二、就业机会与就业竞争并存

根据海南自由贸易港白皮书显示，自海南自由贸易港政策出台以来，重点项目集中签约活动共举行7次，签约项目共404个协议金额超1 700亿元，覆盖智能制造、融资租赁、国际航运、教育、医疗、科技等诸多领域。由此可见，海南自由贸易港的建设，无疑为就业人群提供了大量的企业选择、工作岗位选择和就业机会。

本次调研中，有75%左右的受访者认为海南的就业竞争并不算大，但就业机会越来越多。受访者d10表示，近年来海南的就业机会明显增多，并且免税、旅游等领域的就业机会仍保持着上升趋势。受访者d4表示，互联网服务行业、教育行业以及农业领域的就业机会也有增多。但也有约25%的受访者认为海南就业机会确实将会越来越多，但随着自贸港建设的逐渐完善，就业竞争的压力也将会越来越大，尤其是高质量就业岗位的竞争。“本地有明显优势的人才较少，不断落户的引进型人才与本地人才进行竞争，会在无形中引发本地青年一代的就业竞争压力。”(d11)“当下海南省内就业竞争压力有明显上升。”(d13)导致就业竞争加剧的主要原因有以下几点。

1. 人才储备国际化，职业竞争加剧

对外开放的自贸港，吸引了众多跨国企业入驻海南，也吸引了全国各地乃至全球的优质人才，海南人才储备逐渐国际化。大型跨国企业是吸引国外高技能人才来琼就业的“梧桐树”。栽下梧桐树，才能引来金凤凰。海南自贸港急缺人才，尤其是高质量人才。2018—2021年间，海南省人才总量突破了190万人(190.23万人)，人才资源总量占人口总量比率提升至19.97%，“百万人才进海南”第一阶段目标得到了圆满实现。2022年7月6日至7月8日举办的欧美同学会第九届年会暨海归创新创业海南自贸港峰会中，海南省委组织部副部长周廉芬介绍了目前海南人才引进工作情况，2018年4月以来，全省共引进人才44.6万人，认定高层次人才3.2万人次，其中领军人才1 047人次。随着入驻海南的跨国企业实力愈发雄厚，慕名而来的求职者将会越来越多。从好的层面讲，海南的人才库将会进一步完善，尤其是高质量人才的欠缺将会在很大程度上得到补充。但从反面来看，势必会增加本地人才就业竞争的压力。“好的工作岗位将会受到诸多外省乃至国外人才的哄抢，而本地居民的求职空间将进一步被压缩，职业待遇和生活水平就会受到不同程度的影响。”(d9)

2. 平均学历普遍升高，高质量就业岗位竞争加剧

2000年至2019年，全国大学生和研究生的毕业生人数逐年增加。相

比于2000年的5.88万人,2019年研究生毕业生人数达到了63.97万人,相当于2000年的近十一倍。除此之外,据统计,2022年考研人数高达457万人,比2021年暴增80万人,考研人数每年都在增加。考研人数增加的主要原因是大学生数量的增加导致学历贬值,就业竞争变大。“以前大学生学历就已经很吃香了,但最近几年周围老朋友都开始提高对子女的学历要求,希望子女能够用更高的学历作为找更好工作的资本。”(d10)考研人数越来越多,学校收录读研人数也越来越多,高质量就业岗位的竞争压力无疑也会越来越大。

3. 国家战略定位较高,就业竞争加剧

根据国家对海南自贸港的总体设计,到2035年,海南经济发展现代化建设水平要达到全国前列,制度体系和运作模式更加成熟,营商环境位居全球前列,公共服务体系达到国际领先水平,环境质量和资源利用效率世界领先。上海作为第一批自由贸易区,已经取得了瞩目的成就。但中央对海南的期望并不弱于上海、广州、深圳等城市,可以说国家战略定位非常高。这样高标准、高目标的定位,给全国乃至全世界的人才绘制了一幅清晰的蓝图,展现了无限的就业机会与可能性,吸引了来自全世界的人才,使得竞争进一步加剧。

4. 社会、企业两个层面影响,就业竞争进一步加剧

社会层面,职位供不应求,整个职场呈优胜劣汰之势。除此之外,受到全球性疫情影响,部分企业倒闭导致职位减少,加剧了就业竞争。企业方面,好的企业从不担心人才缺失,广阔的发展前景、优渥的薪酬和丰厚的福利为吸引优质人才层层加码,就业竞争压力一直较高且较为稳定,并没有很大的涨幅。随着平均学历的上升,待业人群逐步增多,本科毕业生大批涌入就业市场,企业有了更多的选择权,进一步抬高了就业门槛,从而加剧了就业竞争。

综上所述,海南就业机会多,但就业竞争强的问题不可忽视。倘若自贸港的建设不能提升海南本地人群的就业率,反而增加了其就业竞争压力,这无疑是不利于海南省居民整体生活质量提升的。要抓好就业问题,不仅需要从政府、社会、企业等多方面入手,更应该从学校以及个人层面入手。学

校应做好正确的就业引导，帮助学生树立正确的就业价值观。而个人则需要不断完善自身，增强自身竞争力，才能从待业大军中脱颖而出。

三、职业待遇和收入水平差异显著

职业待遇水平从侧面反映了收入水平，而收入水平作为客观生活质量的一部分，一定程度上又反映了求职者的生活水平。除此之外，职业待遇水平也会影响求职者对于当前职业的满意度。职业待遇越好，满意程度越高，生活质量也会一定程度上得到改善。在此次调研中，有62%的受访者表示海南的职业间待遇差异较为明显，剩余38%的受访者则认为不是很明显，影响因素主要可以概括为内部因素和外部因素两大部分。

在内部因素影响下，待遇差异较为不明显。认为职业间待遇差异较为不明显的受访者的理由有以下几点。① 地区生活状态影响看待事物的心态。"海南本就是一个慢慢悠悠休闲的小岛，大部分岛民已经习惯了所谓'与世无争'的生活，收入少就少花销，收入高就消费得高一些，并不太在意领域和职业地位的待遇差异，基于这种心态，自然就觉得职业间待遇差异较不明显。"(d1)② 拥有正确的价值观，热爱自身工作，不盲目比较，勤奋努力。③ 本身素养较高，深知职业价值实现方式不止一种。

在外部因素影响下，待遇差异较为明显。认为职业间待遇差异较为明显的受访者的理由有以下几点。① 工作领域不同，工作薪资待遇就不同，从而导致职业地位与待遇不同。"相比于其他行业，金融业、互联网、制药、医疗器械、公务员薪资一般较高"。(d2)② 工作环境不同，职业待遇也会有差异。大部分人有着根深蒂固的刻板印象，认为写字楼里办公的白领都比从事体力劳动的工人工资薪酬要高，并且职业待遇也相应较高。③ 工作稳定程度不同，福利保障制度也不同。海南各领域、职业间的待遇差异较为明显，有的合同工不能与在编人员享受同等福利和保障。受疫情影响，生产经营出现暂时困难的中小微企业在近几年待遇波动较大，有不少人因为疫情的冲击丢了"饭碗"，从原来的高薪多福利沦为四处寻份维持生计的工作。和这些受访者交流时，能明显感受到对方对于职业间待遇差异持不满态度但又无可奈何。有受访者说："原本以为酒店业在海南的职业地位十分稳

固，待遇也整体较高。但疫情来临之后，能明显地感受到省市级事业单位和公务员的收入要更加稳定，且地位较高一些。”(d10)

在待遇差异影响下，行业发展逐渐失衡。近年来，部分行业的竞争越来越激烈，但也有些行业却乏人问津，归根结底是职业间仍存在较大的薪资待遇差异的问题。“目前来看，海南服务行业薪资待遇均较低，放眼于未来，这并不利于自由贸易港的发展”。(d6，d7)其次，职业待遇差异较大还会导致“伪失业”现象，导致服务行业人员大量流失，造成劳动力短缺等情况发生，这无疑不利于未来海南自由贸易港全方面综合发展。待遇差异还会引发职业歧视的问题，需要从以下几个方面加以改善：① 树立正确的大众价值观，坚决遵守并维护社会主义核心价值观，从思想观念角度根本性地消除职业歧视；② 改善工作环境，相应提高以服务行业为代表的各行业薪资待遇；③ 政府加大扶持力度，完善社会保障体系。

第六节　文　　化

文化是国家和民族之魂，也是国家治理之魂。作为社会经济、政治等多方面因素的晴雨表，海南文化反映着海南居民最真实的想法与满意度，本书研究试图通过透析海南在发展中所实现的文化建设成果与存在的现实问题，以更好地助力自贸港建设。本节将从六大板块对海南文化进行解构式分析，并测量海南本土居民对文化的满意程度。

一、海南传统文化现状与困境

(一) 民俗传统节庆与海南戏剧文化

本次调研发现，公期、琼剧、军坡节等传统节日与戏剧文化活动在受访者中有较高认知度，即使是表示自己对海南传统文化并不了解的外来移民受访者也能说出一到两个海南传统节日。“以前下基层的时候就了解一些军坡文化、公期之类的活动。”(f7)

海南宗族传统与民间信仰历史悠久，诸多传统习俗维系至今。尤其是农村地区，每一宗族往往都建有宗祠，宗族关系以民间传统节日为纽带紧密相连，宗族成员定期团聚、互通有无，往往一个村庄就是一个宗族大家庭的聚落。军坡节、吃公期等传统节日以祭拜祖先、朝拜神灵等民间信仰为主要形式展开，为海南传统节日文化增添了神秘感。“海南人的宗祠观念还是比较深的，他们同宗同族之间的关系很密切，同一个村里亲戚关系错综复杂，就是一个家族。”(f6)因此，海南传统节日被海南本地居民视为不可忽视的文化符号，传统节庆文化展现了海南流传千年的宗族家庭文化，两者相辅相成，生生不息。

海南传统戏剧文化则与文化基础设施建设程度密切相关，戏剧需要展示的舞台，也就是戏台。目前，海南各地基本实现了戏台在社区范围内的普及，城市中有戏台和戏剧演艺中心，农村则基本实现“一村一戏台”，戏台设施的建设完善让戏剧表演在海南几乎不设门槛。海南大多数戏台仅为朴素的水泥台体，文化界限感不强，但海南居民对传统戏剧的热情颇高，居民也敢于大胆上台表演，往往一有演出戏台附近便人山人海，观众年龄范围极广，其中不乏儿童与青少年，这些关于戏台的回忆与背后承载的对海南戏剧文化的认知，是很多海南人印象深刻的文化启蒙。“小时候，我们家住的地方每周都有人来表演琼剧或者临高小调，家人会带着我去看，长大之后对这个画面一直记忆犹新，希望以后我有了孩子也能带他们去看。”(f1)在海南戏剧文化的更迭中，海南传统文化也实现了代际传递。

(二) 民俗传统节庆与戏曲戏剧文化存在的问题

1. 戏剧内容与表现形式缺乏创新

琼剧是海南民间戏曲艺术最典型的代表，由于传播度较广，从业人员较多，政府支持力度大，目前有所创新，但是也缺乏像京剧、黄梅戏那样的内容革新。而文昌公仔戏、儋州调声、临高戏曲、疍家渔歌、海南斋戏等传统戏曲戏剧等，由于知名度较低、传唱度较小，维持传承已经较为困难，内容创新就严重不足了。但是，戏曲戏剧想要维持生命力，只有不断创新内容和表现形式，及时融入和表现社会发展新要素，才能更好地吸引观众，有观众基础才能拥有市场，才能吸引资本尝试规模化改革。这一矛盾局面极大地影响了海南戏曲戏剧文化的传承与发展，亟需政府加强引导与支持。

2. 外来移民对海南地方传统理解难度大

海南传统节庆依托于宗族关系发展传承，戏曲戏剧的语言表现以海南方言为主，其内容都根植于海南历史和民族传统，但海南方言难懂，宗族文化太具地方特色，外来移民理解起来难度较大。以戏剧文化为例，海南的戏台多设在乡村，外来移民往往较少深入农村地区，也较难融入村庄的宗族体系，其他演出场所如市政公园、文化广场等地，一是不具备配备字幕的条件，二是表演团队缺乏展示字幕的意识。哪怕是政府组织的公益性戏剧演出，也较少有字幕展示，因为观众多为本地居民，本身就通晓海南方言。因此，外来移民成了海南传统节日与戏剧文化中的“失落者”“异乡人”。“我在海南生活了近20年，经常在海口市世纪公园的球场踢球，附近经常有琼剧公益演出，但是因为语言不通，就从来没有认真欣赏和理解过任何一场这样的戏剧演出。”(f8)外来移民面对语言不通问题，听不懂戏剧内容、仅靠音乐感染力去解读，难以提升兴趣，更起不到宣传与传承的作用，同时一定程度上感受到了“被排斥”的文化心理。

(三) 饮食文化

海南饮食文化以海南传统美食为主，结合地方气候和食材条件，主打清淡、新鲜，如各类海鲜烹饪，文昌鸡、东山羊等地方美食，腌面、海南粉、清补凉、炒冰等特色小吃、甜品，并衍生出老爸茶、黎苗长桌宴等饮食文化活动，呈现出明显的地域特色，传承较为完整，且广泛进入旅游市场，居民接受度高、满意度和美誉度也高，融入本地居民日常生活的同时也颇受外来移民、游客的喜爱。“海南的饮食文化我觉得是传承得最好的，因为大家日常都还是在喝老爸茶，来了的游客也都想体验老爸茶。”(f6)

以大规模的游客市场需求为基础，海南的饮食文化在传承经典、保留地域特色和民俗特性的同时，不断创新优化，添加创新元素，从口味、食材、菜品样式等多方面进行改良，为海南居民提供了丰富多样的饮食选择。饮食文化的良性传承发展为海南打造了一张优质的“美食名片”，为海南当地食品企业规模化发展提供了机遇。

(四) 语言文化

海南语言别具特色，类型多种多样，在海南话语系下又派生出诸多地方语言分支，不同地区有着明显的口音差异，孕育了丰富而独特的语言文化。与中国其他省份的方言不同，海南话过于难懂难学，很多在海南生活数十年的外来居民依然无法听懂和讲述。因此，对于语言文化版块，土生土长的本地居民满意度较高，但外来移民则认为在一定程度上阻碍了生产生活的日常交流。

传统语言环境缩减，语言文化单一化、趋同化，地域色彩淡化。海南是外来人口大省，大量的移民和游客在海南生活，使得海南原有的较为单一的人口组成变得复杂多样，海南方言对外地人而言理解、模仿难度大，加之近年来社会层面大规模开展普通话推广活动，促使越来越多的海南人在公共场所和日常生活中更多使用普通话交流。同时，为确保教育教学公平，海南目前普遍要求各级学校使用普通话教学，海南方言使用频率明显降低，应用场合减少。原本可以在日常生活中随时使用的语言，现在更多局限于家庭内部和本地人之间的交流，传统的语言文化的处境在一定程度上恶化，整体上呈削弱态势。

微观来看，海南语言文化目前呈现出单一化、趋同化趋向，经济欠发达地区语言分支面临失传。海南城市发展不均衡，资源和人口高度集中于海口、三亚等市县，相对不发达的琼中和西部地区目前面临人口流失困局，加之教育资源向海口三亚倾斜，为谋求更好的教学质量，越来越多的欠发达地区学生跨区就学，失去了原有的语言环境，转而被受教育地的语言同化。有本地学生受访者表示："我高中从五指山市转到海口上学，虽然都是海南话，但还是有差别的。我大学也在海口，导致我现在回老家发现不会说当地的话了。"(f11)同时，受工作机会和薪资影响，大量的劳动力也从农村迁入城市，导致欠发达地区出现"空心化"，人口空心化随之而来的是语言传承的断层，当地的语言文化传承由于后继无人、缺乏语言环境而出现了断层，甚至逐渐消失。

(五) 建筑文化

建筑文化往往以实物的形式传承，据《海南省志·城乡建设志》介绍，海南传统的建筑风格大致可分为三类：汉族地区传统建筑风格、少数民族建筑风格（含黎族、苗族、回族）、舶来建筑风格（含东南亚骑楼式、欧式等）。其中保护最好，文化知名度最高的当数舶来建筑文化，以东南亚骑楼式为代表。由于建成年代相对较晚、建筑稳定性较强、颇具特色，且持续修缮等原因，东南亚骑楼式建筑在海南保留得较为完好，这是海南归侨文化的缩影，也是时代的烙印。其余传统建筑大多以古建筑村落的形式出现，由于村落人口流失或搬迁，建筑大多也随之废弃。“我老家用火山石建的房子其实很有代表性，但是现在基本没人住了，大家都搬进了新房子，基本上就荒废了，破损了。”（f9）

海南地处热带气候区，常年高温多雨的天气加剧了这些传统建筑的破损速度，黎族船型屋、茅草屋等少数民族的海南建筑文化伴随着实体的破损也在慢慢消失，急需专业团队进行记录、观测研究并适当修复。

（六）传统服饰文化

海南服饰文化以黎族、苗族等少数民族服饰为代表，最早可以追溯到黎族传统纺染织绣技艺“黎族织锦”，融织、染、绣技术于一体，制作精巧，色彩鲜艳，富有夸张和浪漫的色彩，具有浓烈的民族风情和地方特色。但是传统服饰的艺术性强于实用性，不太便于开展现代日常生产生活，美学与观赏性成为传承重点，更多出现在特定传统节日、文化活动或纪念日中，居民日常穿着较为少见，逐渐成为一种被欣赏的文化符号。

（七）居民对传统文化持积极态度

居民对传统文化的态度总体较为积极，大多数受访者都对海南传统文化有一定的了解，同时并不抵触优秀传统文化的宣传推广活动，能积极参与其中。就居民类型而言，海南原住居民对海南传统文化认同度更高、接纳性更强。“我认为传统文化就是海南人的家乡情怀，热情温暖而又激昂荡漾。我觉得它就是生活中的一部分，丧失它将索然无味。”（f10）从小耳濡目染奠定的文化基础使得海南原住居民对于海南传统文化有更强的依恋感和包容性。“我是在家人的言传身教和学校的一些特色教育下接触和认知传统文

化的。”(f1)“每到过年过节，村里就会邀请琼剧院来唱戏，打小我就对琼剧和民间的传统文化感兴趣。”(f2)

地方节日文化、语言文化、饮食文化等是人们日常生活的一部分，家庭的文化传承和政府的正确引导两重作用叠加，使得海南原住民对传统文化的态度非常积极乐观，具有较强的传承与发展主动性。“看到许多传统文化进入中小学课堂，倍感欣慰和兴奋，希望能够永远流传下去。”(f11)

由于缺乏家庭熏陶，不具备家庭代际互动的条件，外来移民对海南本土文化的了解比较依赖于政府的宣传推广，因此呈现出了解不全面，了解程度不深、停留于表面概念等特点。“我也曾经去吃过公期，但实际上这项活动具体代表了什么意思或是有什么意义，没有太多的机会去了解。”(f7)但对于迁移时间较早的外来移民来说，长时间与原住民交往交流的过程起到了重要的作用，使得外来移民对海南传统文化的态度更为包容，理解也更深入。“我来海南十几年了，有很多海南传统文化活动通过本地同事的途径去参与过。”(f8)

二、海南现代文化产业现状与问题

本书所提到的现代文化产业主要以文化旅游业、与文娱活动相关的文化产业、文创产业三部分为主。

(一) 文化旅游业

文化旅游是近年来兴起的区别于自然景观旅游的新型旅游业态，海南旅游业以丰富的热带自然资源和海洋资源等为依托较早地实现了高速发展，而文化旅游则相对起步晚、发展历史短、经验不足，与自然景观资源相比，目前存在着规模体量小、吸引力不强、经济效益不高的问题。

1. 资源挖掘程度浅，配套服务不完善

根据实际情况与受访者反馈，海南对自然景观中的独特文化旅游资源开发力度不够，配套讲解缺失，且讲解科普展板等缺乏科学性和真实性，导致景区景点提供的文化背景信息严重不足，旅游者不能深入理解文化旅游遗迹、遗址、文物等，就难以产生情感共鸣。“我们去过很多红色旅游景点，

都是单位组织的，但基本是走马观花地参观一下，没有太深入地了解过。”(f10)“走马观花”式的旅游体验会直接降低景点的回头率，尤其是针对红色旅游景点，政府部门组织红色旅游的目的是让党员群众了解光荣历史，同时带动身边的亲属朋友，但是在高耗低效的文化旅游背景下，两个目的都难以达成，造成资源、资金浪费的同时还阻碍了文化旅游事业的长期可持续发展。

2. 文化旅游整体面临知名度低、吸引力弱的发展困境

海南文化旅游景点普遍存在客流量小、经营不善的特点，游客构成主要以本地居民为主。“游客连海滨景区都逛不完，哪有空来逛文化旅游景点，况且很多外地游客根本都不知道有这些景点。”(f12)以万宁兴隆咖啡谷景区为例，该景区以咖啡文化为主要卖点，2000年左右曾经是团队旅游的必游景点，随之带动的还有周边大量的温泉酒店。但随着跟团游大潮褪去，自驾游、自助游游客的游览路线发生改变，兴隆咖啡谷景区对游客的吸引力逐渐降低，近十年来出现了客流量大幅下滑、周边温泉酒店大规模倒闭的情况。但就参观体验来说，兴隆当地的南洋归侨文化就是最具特色的文化旅游产品之一，且归侨文化本身就是咖啡谷诞生的最重要背景。但实地调研结果表明，兴隆咖啡谷景区的开发并未着重打造归侨文化品牌，既不像文化旅游景点，也不像森林公园，景区性质难以界定，反映出了目前海南文化旅游业发展存在缺乏合理规划，开发重点有偏差，调整不及时等实际问题。

(二) 文娱产业

2000年前后，海南大力发展注意力经济，先后引进世界小姐大赛、新丝路模特大赛、世界大力士赛等一系列大型国际文体活动，文娱产业迅速发展。随后，海南积极与国内外相关企业合作，成功签约和举办了大量音乐节、跨年演出、体育赛事、歌舞话剧等文娱活动，由于地域和自然资源优越、旅游接待能力强、基础配套设施完善、政策响应度较高，文娱产业在海南发展具有先天优势。文娱产业的良性发展，一定程度上提升了海南旅游的知名度，带动了旅游业等相关服务行业的整体发展，良好的观演体验也吸引了部分游客回流，发展前景十分广阔。加之海南优越的气候条件，在中国内陆

地区冬季时还可以实现反季节文娱活动的举办。

调研中，多位受访者提到近几年海南的文娱活动丰富程度显著提升，且满意度较高，认为其发展前景广阔。“近几年，海口五源河体育馆常常有明星来开演唱会，在这之前其实是没有的，我觉得在这方面海南可以打造成一个行业的标杆。”(f4)“海口湾演艺中心建起来之后，明显演出变多了，之前就是想办也没地方。”(f9)相关基础设施如体育场、剧院等场馆的建设和完善从硬件方面推动了海南文娱产业的发展，但仍然存在一些问题。

1. 参与者体验感一般

文娱活动举办经验不足、现场秩序维护不佳、参与者配套体验感一般。海南文娱产业起步较晚，本土举办经验不足，应对文娱活动中突发状况的应急处置能力仍然有待提高，一位外来移民受访者表示：“我在内地也看过很多次演唱会，但是海南这边现场秩序要混乱一些，安保措施也有待加强”(f5)。外来观演者多数要以旅游形式进行，但演出场所周边配套的旅游服务功能，如餐饮、交通、住宿等的满意度仍有待提升，一位在海口五源河体育馆观看过演唱会的受访者提道：“现场的安保秩序较为混乱，演出结束后在场馆周边打车很困难，饮食体验也不好，不想再去了。”配套服务不完备一定程度上削减了文娱活动参与者的热情，不利于海南文化产业的长期发展。

2. 缺乏本土特色和市场化

演出剧目多为外来巡演，缺乏本土特色，市场化程度不够。文娱产业不断发展的同时，也暴露出海南文娱演出缺乏本土剧目的问题。海南目前没有如广州歌舞剧团《醒狮》这样具备当地特色和《只此青绿》这样独具中华传统史诗色彩的代表作品，不具备全国巡演的条件。2021 年由海南大学人文传播学院参与的海南本土歌舞剧目《文身》在澄迈上演，但观众主要由海南大学师生及剧团相关人员组成，经济来源主要依靠政府补贴，市场化程度不足，经济效益不高，未能产生规模化的文化效应，也仍未达到全国巡演的质量与规模。

(三) 文创产业

海南文创产业目前满意度较低，存在文创产品单一，文创产品与文化背景结合不强的问题。文创市场上的产品主要有椰雕、木雕、贝壳珊瑚等,兼有文创雪糕出现,更多都是照搬内陆地区其他省份的创意,缺乏对本土资源和文化的结合创新,吸引力不强。居民满意度和游客满意度都较低,购买欲望不强。但在采访中,有多位海南居民对椰雕作为文创产品的发展前景十分看好,认为椰雕在经过深入挖掘后有望成为海南文创产业发展的标志性产品。"我们行业之前有一次体育比赛就采用了一个椰子壳雕刻的冠军奖杯。虽然说看起来跟传统的那种金灿灿的奖杯不一样,但实际上我觉得挺有海南特色的。"(f7)

三、居民对乐观文化氛围感知良好

文化氛围与整体感知主要是指海南居民对海南目前社会文化氛围、生活节奏的感知。这种感知具有以下特点。

1. 生活节奏较慢,文化氛围乐观,包容性强

海南地处热带气候,全年气温较高,炎热的气候与岛屿使海南形成了较慢的生活节奏,"午休"成为海南人必不可少的日常。"北京的上班族是没有睡午觉习惯的,但在海南是一定要有的,不管做什么事,就即便是现在需要全民测核酸,中午 12 点到下午 2 点午休是绝对不会测的。"(f8)同时,海南本地居民普遍心态较为乐观、包容性也较强。

2. 部分新一代海南人与移民感到焦虑

新一代海南人与移民认为,慢节奏生活在一定程度上阻碍海南发展。外来移民受访者多次在访谈中提到,来海南工作后,深刻地感受到了海南的生活节奏要比内陆大城市慢得多,本地居民对这种较为闲散、乐观的文化氛围认同度较高,部分外来移民感到不适应。"前些年我有同学从深圳过来,他就说你们走路太慢了,我都已经放慢脚步了,是我在深圳最慢的脚步了,你们还觉得我走得太快。大家就在路上慢慢悠悠地走,好像没有什么生活压力。"(f7)但是,也有部分海南居民尤其是新一代海南本土居民,对父辈所习惯的慢节奏生活不再完全认同。"慢节奏容易让人变得懒散,我们年轻人更想要发展快一点。"(f11)。许多到外地求学的海南学子返乡时,会为家乡与内陆城市间的落差略感沮丧,迫切地希望海南能够加快生活节奏和生产

效率，缩小与发达城市间的差距。

3."慢"是海南文化的标志

部分居民认为"慢"才是海南文化的标志，是珍贵的海南文化。随着我国城市化不断发展，生活节奏越来越快，如果海南能反其道而行之，用"慢节奏"打造海南文化旗帜、品牌，将会极大地增强海南对高端人才、游客、候鸟老人的吸引力，满足游客休闲的目的，促进人才引进的同时推动旅游业的发展，让慢节奏成为营销热点，将阻碍变成发展动力。"其实我觉得慢节奏挺好的，这是一种让人羡慕的生活方式，没必要每个城市都千篇一律的，都像一线大城那样每个人都是疲于奔命，就像蝼蚁一样。慢节奏一方面很能够彰显海南的特色，另一方面对外来移民，对游客都是非常有吸引力的。"(f6)

四、文化配套设施逐步覆盖完善

文化配套设施包括：文化街区；文化遗址（名人故居、历史文化保护区）、历史建筑、文娱设施（博物馆、美术馆、科技馆、展览馆等）；社会文化（图书馆、文化宫、群众文化广场等）；艺术文化类（民间艺术中心、电影院剧院音乐厅等）；广播电台；报社出版社等，这些都是开展文化活动的场所，也是展开文化教育的重要途径，将极大地影响居民对文化事业的满意度。近年来，海南省文化配套设施建设工作呈现出以下特点。

1. 整体基础设施建设水平大幅提升

近年来，海南文化配套设施发展迅速，规模和质量逐渐追赶中国内陆发达城市，大量投建美术馆、博物馆、图书馆等，并逐步完善，尤其是乡村地区文化设施的普及建设，全省大多数村镇都搭建有戏台和文化广场。"海南省博物馆、各个市县的博物馆，每个博物馆都做得很好，能够运用 VR 等现代科技手段，跟上社会发展的潮流，看得出来有很多年轻人在参与建设，他们的思想很新锐，也很用心。"(f4)

2. 欠发达地区有望加强文化基础建设

文化配套设施的建设高度依赖当地经济发展状况，除海口、三亚等大城市外，海南其他市县由于经济基础欠佳，文化设施难以实现大规模全方位的建设，尤其是中西部经济欠发达地区几乎没有博物馆、美术馆等，甚至连最基本的文化、文娱设施都没有。“洋浦经济开发区是没有什么娱乐设施的，这个地方文娱方面相当贫瘠，甚至没有一个大型的电影院。”(f11)

3. 部分地区缺乏文化地标建筑，影响力有待提升

从海南目前已经建成的文化配套设施来看，缺乏文化地标性建筑、博物馆影响力不够，如海口云洞图书馆等网红打卡点，容纳量有限，知名度也不高，而海南博物馆建设起步较晚、藏品较少、开发程度不足，政府也缺乏充足的宣传引导，游客并未把其当作旅行目的地。部分文化设施建设较为盲目，出现同质化现象，不具备海南本土特色。同时文化设施总体数量较少，规模较小，服务水平有待提升。

五、自贸港建设背景下的海南文化

自贸港建设四年多来，海南文化与外来文化是否形成了激烈碰撞？海南文化与外来文化的融合度怎样？自贸港建设究竟给海南居民在文化方面带来了多大影响？这些都是本研究中重点收集的访谈内容。

结合前期访谈获得的数据，本专著认为，由于目前自贸港建设时间较短，在宏观经济方面已经取得了一定的成就，但海南居民个人经济收入并没有明显变化。细微的经济变化情形下，居民个人的文化体验感总体也较为微弱。“自贸港建设是一个很长的过程，我认为现在时间还比较短，还是一个起步阶段，人才、企业，还在陆续地进入，文化方面的影响与变化还不明显。”(f3)

针对海南文化与外来文化的融合碰撞问题，多数受访者认为达不到碰撞的程度。建省之初的老一代移民对海南文化已经具备了较强的适应性，而对于新一代的移民，海南居民认为海南人的包容乐观使海南文化也具有相似的特质，能够积极融合外来文化，实现融合发展。“也谈不上碰撞，毕竟都是中国文化，本质是个融合，冲突的地方并不多，而且我觉得海南包容性比较强，不太排外，外来文化跟海南本土文化碰撞并不激烈，是一个自然而然的融合过程。”(f6)

在地区经济发展的过程中，区域之间的交往必定越来越频繁，外来文化与本土文化也会慢慢融合，焕发新的生命力，犹如新鲜血液注入，不断向前

发展。文化传承并不一味地只是抱残守缺，而是要以发展的眼光看待问题。文化需要较长时间潜移默化的改变与提升，并不是一蹴而就的瞬时变化，但是可以肯定的是，自贸港建设以来，政府在文化事业的建设投入、传承保护和融合发展等方面都做出了巨大的努力。

总体上，大多数受访者都认为，由于海南文化所具有的较强包容性，海南文化与外来文化正在自然而然地融合，本质上中华文化同根同源，而文化也只有不断地适应时代，融合发展，在吸取优质外来文化的同时积极保护和发展海南本土文化，才能助推自贸港建设实现经济与文化全面繁荣。

第七节　交通与基础设施

交通基础设施的不断完善升级极大地推动了我国地区经济增长和产业发展。港口通航与高铁通车作为我国交通基础设施升级的重要组成部分，对就业水平提升、劳动力流动、企业发展、贸易出口和科技创新等产生了重要的正面促进作用。该部分主要对海南省交通现状及所面临的共性及个性问题进行系统分析，运用科学方法得出结论，以供海南省城市居民生活质量的定性分析参考。

一、海南省交通现状概述

海南交通现状今非昔比，交通出行已渗入居民生活的方方面面，经采访数据归纳，与海南交通相关的油价、交通拥堵与环岛高速是居民所关注的高频话题，与居民生活质量存在着密不可分的关系。

(一) 油价调控问题仍有待改善

海南省 2021 年度成品油价格改革财政补贴资金预算为 14 125 万元。实际到位 9 830.07 万元，到位率 69.59%。拨付各市县交通运输局农村道路客运出租车成品油价格补助 9 321.31 万元，农村水路和岛际客运成品油价格补助 508.76 万元。2021 年来，海南成品油价格存在的现实问题主要是成品油价格改革财政补贴资金尚未完成分配支出，导致数量指标、效益指标等无法评价，其主要原因是海南省政府未出台相应资金管理办法，无法分配资金，影响项目有序开展。解决办法：一是应提高认识，引起各级部门高度重视补贴资金申报、审核工作；二是明确目标，落实责任，及时下达开展成品油价格补贴资金申报审核工作的通知，将任务落实到人，加强督查督办。

在采访过程中，不少市民表示油价问题仍有待改善。“买得起车快养不起车了，油价能再跌一跌就好了。”来自海口的刚毕业女生 e9 表示，对于初入社会的工薪阶层一些民众来说，油价问题与居民日常生活挂钩，是生活质量评定中所重点关注的。“赶时间的时候不得不自驾跨市县跑业务，一天几趟下来也是一笔不小的费用了。”(e8)海南全省不设收费站，高速公路的建设成本加在油价里。海南也没有炼油厂，燃料油全部从内地运来，运输成本会增加。因此海南的油价本身就比内地要高，大部分受访者表示生活满意度会受到油价的涨幅所影响，此问题需要引起重视。

(二) 全域交通拥堵治理需重视

通过对海南各市县的居民进行采访，有超半数的受访者表示，随着外来移民、游客、候鸟人群的不断增加，海南交通拥堵状况逐年严重。本地居民 e5 说：“我个人认为，相比北上广等城市的路面宽阔度，海南省内大部分路面较为狭窄也是导致拥堵的重要原因之一。”本课题小组在深入琼海、万宁、陵水等地实地调研时证实了这一说法，尤其是相对落后的市县和村镇的公路路面较窄，需要引起交通部门的重视。

每逢春节、国庆、五一等旅游黄金周，琼州海峡车辆运载往往面临着严峻的挑战。以 2023 年春节为例，受大雾停航和节前客流高峰的双重影响，自驾游过海车辆数量持续居高不下，造成琼州海峡两岸港口进港道路出现严重拥堵。虽然交管部门迅速抽调精干力量协助港口疏导了滞留车辆和旅客，确保了琼州海峡在春节假期前基本恢复到正常运输状态，但车辆排队等候进港时间长达数小时，游客长时间被困车内带来生活不便，大大降低了自驾游客的出行体验，也影响了海南旅游的美誉度。

（三）环岛高铁、高速成为促推海南经济发展的主动脉

海南环岛高铁、高速公路的开通，对海南岛的经济带动作用非常显著，西线和东线经济呈现“两翼齐飞”的形势，环岛高铁、高速带动了各个沿线城市的旅游业和热带农业等产业的飞速发展，为海南全岛经济高质量发展提供了强大动能助力。以海口羊山大道至定安母瑞山公路为例，该项目的建设对进一步提升海南省公路服务水平，改善区域交通运输条件，促进沿线经济社会更快发展有着重要意义，是连接两县人民群众的生态路、景观路、旅游路、交通路、幸福路。在海口交通部门工作的受访者人员 e6 表示，海南环岛高速的建设正在持续向好发展。“海南的高速公路现在越来越宽敞，联结性也在慢慢增强，现在去其他市县出差也比以前方便多了。”来自琼海的受访者 e7 对于海南环岛高速的建设持满意态度。也有部分受访者表示：“海南的高速虽然比以前畅通了很多，但依然存在需要完善的地方。”(e10)

海南环岛高铁、高速的建成，推进了沿线景区“高质量”开发、加快了琼西南地区资源的开发，让旅客出行变得更加便捷、高效、舒适、自由，也让人们能更好地享受沿途海岸风光，感受海南人文气息与绝美风景。当今，海南环岛高铁、高速作为海南交通网中最繁忙的主动脉，承载着海南经济和社会发展的重担。

二、自贸港政策推动海南全域交通运输高质量发展

（一）景观公路融合文化特色

为助力国际旅游消费中心建设，海南省公路和管理局在国省干线“五化”(畅化、净化、绿化、彩化、美化)公路的建设基础上，积极创建自贸港美丽特色公路，结合路域范围的景观条件，借景造景，修建景观长廊，并通过规范交通标志牌建设、拓展公路驿站服务功能、融合地方旅游建设等手段，建设休闲旅游多元化服务需求的干线公路。“上次出差去博鳌，路过近年新修建的博鳌公路驿站，不仅环境优美，还具有多样化的服务功能，不得不感叹现在海南交通公路的建设确实是很有特色。”(e1)

（二）交通运输服务提质增效

自贸港建设以来，海南积极推进交通运输领域服务贸易创新发展，创新

探索国际航运、民航和邮轮游艇等产业服务贸易发展新机制、新模式、新业态，不断实现交通领域高水平全面对外开放的新格局。

根据调研结果，总结以下三个交通运输对服务贸易的显著影响。一是在海运业发展方面，进一步压缩了交通运输领域外资准入负面清单，全面取消了国际海运及辅助业外商投资股比限制，国际海运业率先在全国实现了全面对外开放。二是在深化交通运输领域改革方面，持续深化商事制度改革，并围绕产业发展定位和实际需求精准下放行政许可权限，进一步优化海南营商环境。三是在提升港口物流保障能力方面，推进全省港航资源整合，开通和增加洋浦至东盟集装箱班轮航线，逐步构建起以洋浦为中心，连接国内，辐射东南亚和南亚的国际航线网络。“总体来说，自贸港建设以来的这些举措能够促进海南在国际航运资源方面的配置能力，提升海南对国际贸易的运输服务保障能力，增强区域范围内的影响力和辐射力。”(e6)交通运输服务的发展不仅是在服务贸易方面，也为居民生活带来了极大的便利。“现在商品流通和大宗货物运输水平、速度，相比自贸港建设之前都提升了不少，这些与交通运输相关的自贸港新政和措施，对我们这些做生意的老百姓来说，真是惠及民生的好政策。”(e3)

(三) 智慧便民出行齐享惠利

海南环岛高铁目前已全线贯通，25 个站点使各市县旅客乘高铁环游海南岛成为现实。另外，“最美高速”琼乐高速贯穿乐东，万宁至洋浦高速公路也将于 2023 年建成开通，这些公路的完善极大缩短了海口、三亚等地到海南中部地区的时空距离，吸引了大量游客探寻“养在深闺人未识”的海南中部美景，海南旅游交通网越织越密，海南所有市县与城镇间已经架构起两小时交通圈，海南旅游交通已悄然构筑起环岛和中部全线贯通的蓝图。

海南积极推动智能化交通建设，努力改善出行体验，旨在为广大居民和游客提供更加方便快捷的服务。琼州海峡轮渡运输“预约过海”模式、环岛高铁“无纸化”通关、城市公交“手机扫码”乘车，这些智能化交通贯穿于居民出行生活的方方面面。“环岛旅游公路的打造让自驾游客有了更多选择，这也缓解了旅游旺季时自驾游的拥堵状况。”(e9)与传统高速公路不同，环岛旅游公路以“游”为主线，贯穿沿海 12 个市县和一个国家级开发区，串联沿途 9 个旅游小镇、37 个产业小镇，50 余个旅游景点和度假区，沿线规划设计了 40 多个旅游驿站，自驾游客可以一路开一路玩，不同的海岸线和风景线可以满足各种不同年龄、品位的游客需求，为居民交通出游增添了许多便利性。

第五章 自贸港建设背景下居民生活质量

第一节 导 语

海南自由贸易港建设以来，着眼于国际国内贸易与产业投资聚合效能，加快建设中国特色自由贸易港，在深化改革开放中致力于海南国际旅游岛、生态岛的价值转化，秉持产业发展与生态保护协调共进的原则，从政策红利、产业发展、基础设施建设等多个方面开拓了提升居民生活质量的关键路径。社会物质生活等硬性条件走向稳中向好的发展道路，海南生活的宜居条件、居民的精神生活也应与之并驾齐驱。

那么，自习近平总书记提出“探索建设中国特色自由贸易港”后，海南的生态环境、基础建设、生活成本、就业机会等都发生了哪些变化？海南居民对此变化持怎样的意见和看法？他们对目前的生活现状是否满意？有无可改进的空间和漏洞？以此为调查背景和目的，我们采用定量研究方法，立足于宏观经济、生存现状、文化交流、生态友好四个层面，以衡量海南当前社会建设的基本物质条件，测量海南居民生产生活的精神感受为主线，关注物质精神发展方面的有效衔接、有效互利的议题，针对群众对于海南自贸港建设为居民所带来的直接影响与切实利好的态度与想法进行调查与统计，共收集有效问卷 1 264 份，覆盖海口、三亚、万宁、陵水四个地级市以及多个县级行政区，本次调研的结果具体如下。

第二节　居民生活变化日新月异

一、居民生活获得感与幸福感稳定增长

自由贸易港建设宏观部署以来，海南逐渐成为经济高速增长省份，取得如此显著的建设成绩，除了顶层制度的设计、社会体制机制等多方面的供给侧结构性改革，还离不开以居民需求为侧重点进行监督与评估。

（一）居民生活满意度提升稳中有进

我们从宏观经济视角，以贸易投资、就业机会与基础建设为主要考察指标，通过调查发现，海南居民对于自贸港建设在此三个方面的发展整体认可度较高。其中居民认同宏观经济得到提高的达到 75%左右，不认同宏观经济得到提高的人数只占据 7%左右。由此可见，海南省内居民对于"海南自贸港建设整体带动了岛内宏观经济并呈进步态势"这一观念具有较大的认同性。从宏观经济的维度而言，居民满意程度较为可观。

基于以上结论，我们进一步调查研究了海南居民对于当下"生活水平有所提高"的认可程度。（图 5-1 中的数据 1～7 表示受访者对于"生活水平有所提高"的赞同程度，数值越大，赞同程度越高）从图 5-1 来看，大部分人认同"个人以及社会的生活水平均有所提高"这一观点。值得关注的是，认为当前海南宏观经济确实有所进步的人群，基本也都认同海南居民生活水平有所提高。通过结果的对比可以发现，海南的宏观经济发展，是居民生活水平提升的内生动能与面板数据，居民的生产生活资料依赖于整体社会发展提供的物质材料。

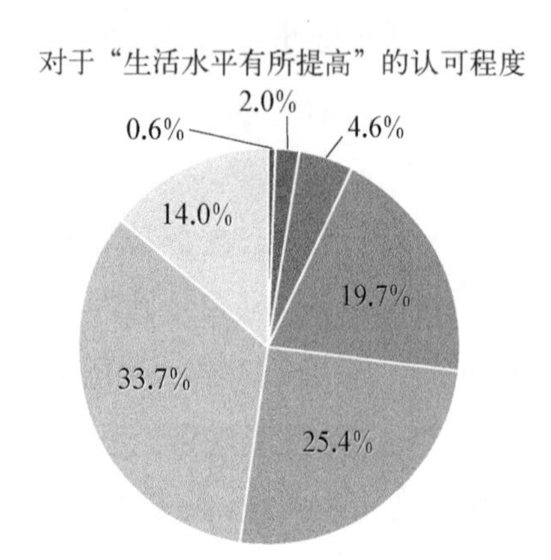

图 5-1　受访者对于生活水平有所提高的认可程度统计

整体层面，所有受访者均在一定程度

上体现了他们的大局观，即他们基本认可以下观点：在海南自由贸易港建设的时代洪流助推之下，伴随着海南的宏观经济发展加速，海南人民的生活水平也将随之呈现出稳中向好的提升态势。

（二）物质生活条件完善中存在进步空间

居民基础物质生活作为生活质量考察的基础性因素，是反映居民对当前建设满意度的根本性指标。依据马斯洛的需求层次理论，生理需求与物质基础是基本生存和物质生活的出发点，也是保障高质量精神生活的重要基础，反之，精神生活质量是物质生活质量的重要补充与延伸。作为海南省经济产业结构中的支柱型朝阳产业，新冠疫情之前，海南旅游在境内外旅游人数和消费收入等方面均排在全国前列。旅游业的发展带活了当地经济，也相应提高了居民生活物价和房价，海南本地居民生活物价居于全国前列。根据 2018 年海南省统计局发布的数据可知，海南省物价长期高于全国平均水平。2017 年全省居民消费价格比上年上涨 2.8%，涨幅虽比 2012 年下降 0.4 个百分点，但仍高于全国 1.2 个百分点。2009 年 12 月 31 日，海南省获国务院批准正式建设国际旅游岛后，海南房价呈井喷式上涨。如今，海南自由贸易港建设进入快速发展阶段，众多优质企业和人才的进入是否会带动新一轮的房价上涨与物价上调，是海南在经济发展进程中本地居民关注度最高的话题。

因此，对海南居民群体的基础生存、生产、生活资料保障的调查，是检验经济发展结果是否有效惠及人民的试金石，应从多维度、复合型的评价范畴思考。我们基于影响居民生活质量的八个维度对居民进行了调查与剖析。

根据调查结果（见图 5－2）我们不难发现，在八项指标之中，反映自贸港建设可能对居民生活质量带来影响的数据，有七项的满意度均在 55%以上，其中五项满意度均达 70%及以上。多数居民在生态环境、城市环境、基础建设、就业机会、贸易投资等方面的感知基本一致。由于居民个体具有感性因素，不同区域、收入、年龄的居民之间的情感认知、获得感等方面存在一定差异，因此在对生活状态的调查反馈中，也出现了一定程度的差异，然而从更宏观的维度上看，居民整体认为海南的生活状态比较令人满意，满意程度均高于55%。但物价水平的满意度却不足10%,73%的受访者认为当前物价涨幅变大,收入与物价的衔接需要进一步的提升。可见在日常生活方面,尤其是在物价与房价上,居民们认为有更多的改善空间,生活幸福感稍低。

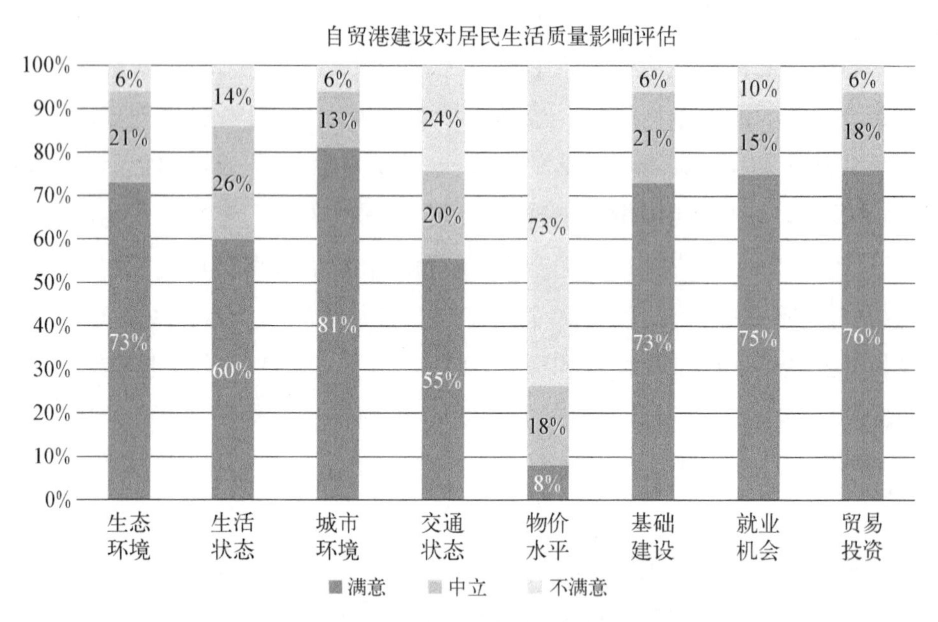

图5-2 自贸港建设对居民幸福感影响评估

同样值得关注的是,随着现代化城市建设进程的不断推进,居民购买车辆需求增长速度与城市基础交通设施的承载力扩张速度存在不对等的问题,海南的交通方面出现了早晚高峰的拥堵时段,这样的拥堵情况也在一定程度上影响了当地居民生活的幸福指数。尽管总体数据显示,超过半数的受访者表示拥堵情况并不严重,但也有24%的受访者认为交通拥堵问题日益严重,对日常生活带来了一定程度的不便。由此可见,海南在自由贸易港的建设与发展进程中仍需重点关注这一问题,以提升居民通勤效率与出行便捷度。当然,交通拥堵问题也存在时段变动及分布格局的差异,以省会城市海口为例,在受访群体里,海口市中认为交通存在拥堵,影响日常生活的居民比例最高,达到了88%。总而言之,伴随着城市化的进程深入,交通拥堵给居民生活带来的困扰已经不容小觑。

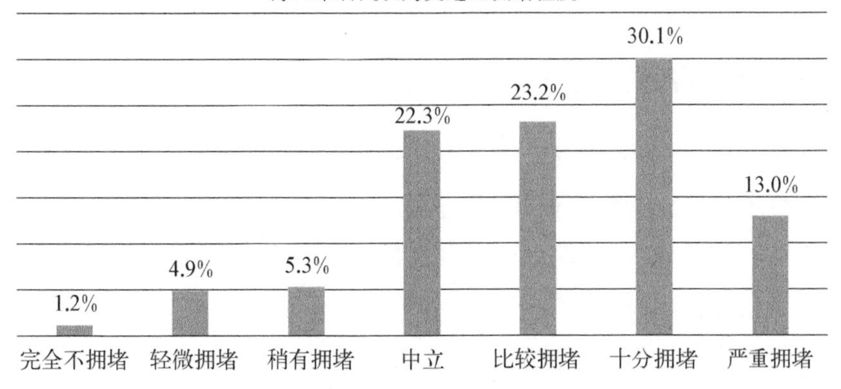

图 5-3　受访者对交通拥堵程度的感知

此外，绝大部分居民认为海南目前的生活噪音相比于自贸港建设之前变得严重。根据自由贸易港建设部署，海南省各项基础设施、企业项目纷纷投入建设，交通工具使用频率的增加，工作娱乐时间的增长，城市建筑工地的扩张，街道翻新修整等诸多影响因素，让噪音问题愈发严重，对居民生活造成了一定的负面影响(见图 5-4)。其中，位于较为发达的城市，例如海口的居民认为噪音问题给生活带来困扰的人群规模更大，比例达到了 76%。因此，在推动城市现代化建设的同时，相关部门需要更多关注噪音问题的发生与处理，从源头处减少，在传播中降低，在接受地预警，将噪音问题作为城市可持续建设的议题，为居民建设物质设施的同时关注其生理、精神生活方面，尽

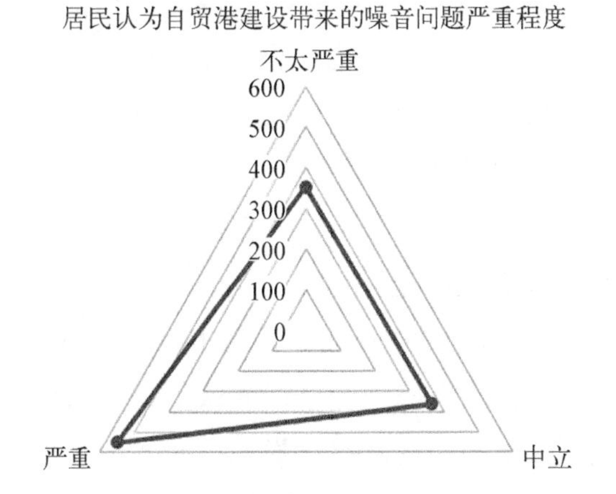

图 5-4　受访者对噪音问题严重程度的感知

量避免噪音问题影响居民日常生活，加强人文关怀。

二、文化建设层面福祉结构渐趋优化

《海南自由贸易港建设总体方案》中明确指出要将海南建设成为国家对外文化贸易基地。文化产业具有低能耗、可持续、创意性等优势，符合现阶段“质量变革、效率变革、动力变革”的经济发展新要求。近年来，海南的文化发展蓬勃葳蕤，市场主体不断扩大，产业规模逐渐增长，新型业态持续涌现。文化产业是海南自贸港重点发展的产业之一，产业结构在政策落实中渐趋优化，由传统的文化制造业导向转变为文化服务业导向，文化产业逐渐成为拉动经济的“新引擎”。显而易见的是，自贸港的建设将给海南的文化建设事业注入新的活力。与此同时，海南居民对于美好生活追求的意愿和能力也逐步增强，而文化产业的发展将直接关系到居民的生活品质，丰富的文化产业可以提高人们的文化获得感、幸福感和城市的经济活力，是满足居民对美好生活需求的必要条件。在本次研究中，将文化建设事业划分为居民文明素质水平、当代居民休闲生活与文化感受、传统与民俗特色文化、对外文化交流四个类别，以文化时间、空间双线建设为思考方向，旨在探索海南文化事业欣欣向荣的大众认知度。

（一）社会文明建设日臻完善

文明是现代化国家的显著标志，提高社会文明程度是丰富居民精神世界的切实要务，是建设社会主义文化强国的重大任务。居民文明素质不仅是一个城市文明形象、精神风貌的综合反映，其整体水平的高低，还将极大地影响着城市的发展和现代化进程。

根据调查显示，接受采访的海南居民普遍认为在自贸港建设的大环境下，人们的文明素质水平普遍有所提升，社会的整体文明素质水平亦有所增长。认为文明程度总体水平的提高很大程度上得益于自由贸易港建设工作的投入与监督。然而，仍然有部分受访群体认为提升居民文明素质水平的工作仍需继续落实，这反映了居民对于提升自我文明素质水平的迫切需要和对海南社会主义文化事业建设的美好期待（见图 5－5，1 表示非常不认同，7 表示非常认同）。文化贸易载体与渠道不断拓展的进程中，提高居民对于文明素质的关注度，加强社会整体文明水平行动的可行性与便捷性得到指数型增长。在居民主观需求与社会客观条件的相辅相成之下，海南在文明建设事业方面更需进一步完善建设逻辑，政策落实到位，监督动态保持，以满足群众日益增长的需求。

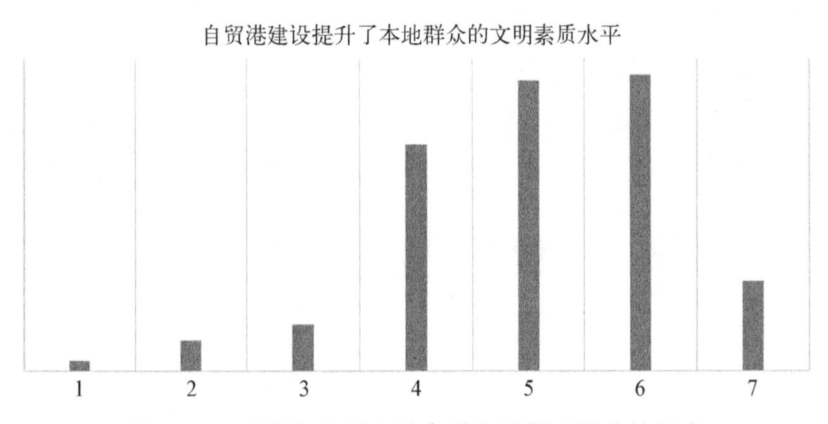

图 5-5　受访者认同文明素质水平得以提升的程度

（二）本土与外来文化交流融合

海南是世界一流的休闲度假旅游目的地，热带海岛资源与自然生态环境资源得天独厚，同时拥有独具魅力的黎苗少数民族文化、非物质文化遗产文化以及海洋文化等丰富多彩的文化资源。对于本地居民而言，其在休闲生活与文化活动等方面的体验无疑是丰富多彩的。而在自贸港建设进程的推动下，会展服务、文化软件服务、电影视听服务等领域涌现出一批具有市场竞争力与代表性的龙头企业，产业结构不断升级，首届中国国际消费品博览会、海南岛国际电影节、海南世界休闲旅游博览会、国际啤酒节、腾讯数字文创节等大型文娱项目与展会活动等纷纷选址海南，又进一步丰富了当地居民的文化生活体验，居民的休闲娱乐选择更加精彩纷呈。不管是当地自然资源的风景绮丽，还是民俗文化的生机勃勃，抑或新兴产业的琳琅满目，随着海南建设进程推进，对外开放程度加深，当地居民的文化消费潜力也在不断被挖掘。

在我们的调查中，80％的受访居民都表示自贸港建设背景下的居民日常休闲娱乐活动变得更加丰富、广泛，同时参与性也更便捷(见图 5-6)。一方面，海南引入外来时尚、博览、科技类文化活动，为当地居民带来国际化、前沿化的文化消费选择，居民人均文化娱乐总支出增加，消费结构也不断升级，为发展产业新格局打开交流新局面，为当地居民接纳外来文化提供有力支撑。另一方面，海南省也没有忽略本土文化的资源深挖，将海南自然、人文、民俗等文化注入新的消费活力，使海南特色文化“走出去”，极大地增加了当地居民的文化自信，促使外来文化与本土文化之间交相辉映，融会贯通，满足了广大游客和本地居民的休闲娱乐需求。由此可见，提高居民文化消费水平是扩大内需，满足居民日益增长的美好生活需要的重要一环。

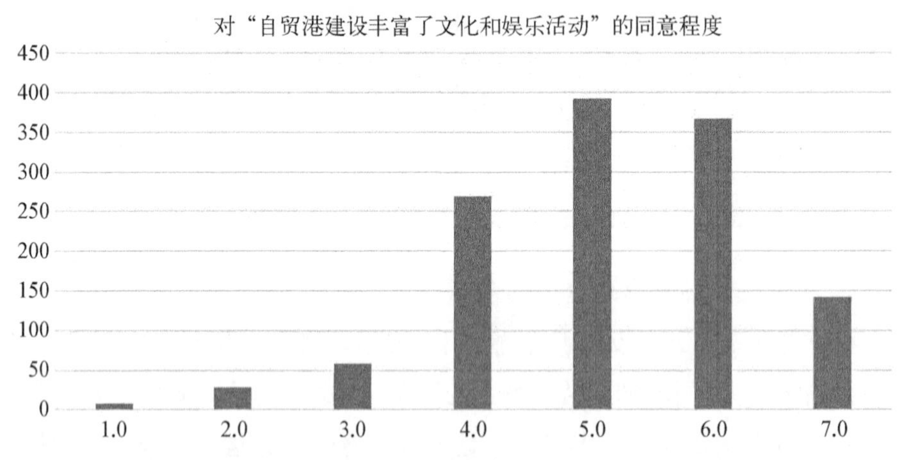

图 5-6　受访者对文化与娱乐活动得到丰富的同意程度

与此同时，海南开放程度提升，为文化交流注入活力。在海南省自由贸易港建设驱动下，海南进入发展新阶段，即构建以省内循环为主体、省内省际循环与国际大循环共同促进的新发展格局。文化只有在传播与交流中才可显示出蓬勃活力，一旦封闭一隅，便容易陷入孤芳自赏、故步自封的境地。然而，省内市场分割在一定程度上阻隔了文化要素流通与市场潜能挖掘，成为阻碍省内文化新形态良性循环的主要堵点。因此，积极推进省际、国际文化市场开放，打通市场资源循环，打破省内市场分割，加强海南省文化要素流转，实现文化对外开放新格局的构建具有重大战略意义。

在文化对外开放程度方面，根据调查显示，随着海南对外开放程度的逐年提升，市场流通能力增强，大部分受访者表示现在有更多的机会接触到来自国内其他省份的来访者和工作伙伴，也能更多地接触到来自不同国家的国际友人(见图5－7)。居民接触外来文化，并向不同文化背景的人传播本土文化的机会不断增多，隐形文化信息流转速度与实体文化产品流通的便捷性不断提升。我们可以看出，自贸港的建设为省际国际间文化交流注入了新的活力。

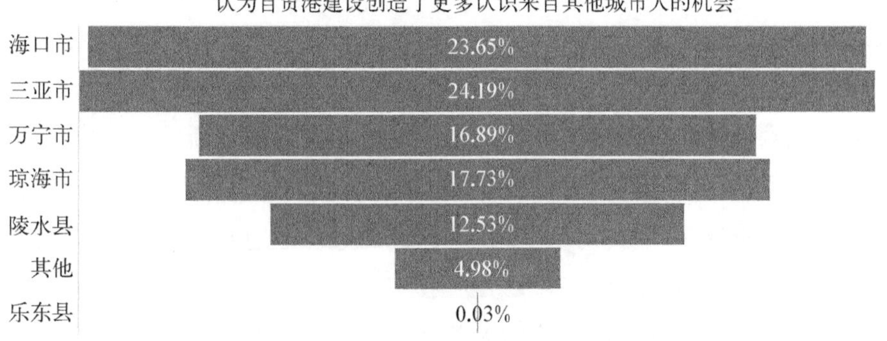

图5－7　受访者对于认识外来城市的人的机会有所增加的同意程度

当然，值得注意的是，海南省内文化交流程度具有地域分配上的差异。从接受调查的群众反馈可以观察到，不同地区的居民与外来人口接触的机会和参与文化交流大循环的程度并不相同，其中占据首位的当数海口和三亚这两座整体经济水平最高的城市，而其他在调研范围内的市县，例如万宁市、琼海市以及陵水县等地的居民接触到不同文化背景人群的机会并不多，群众对于外来文化的汲取与传播本土文化的整体参与面狭窄。相比之下，受人口规模和经济发展现状等条件限制的乐东县，省际国际间文化交流方面的支持声音就显得微小。这说明作为文化建设中的重要一环，对外文化交流的发展程度将与所在城市的开放程度、经济发展、产业结构、资源优势等方面直接挂钩。

此外，由于受到全球公共卫生事件的影响，海南全省在省际国际间的文化交流互动整体不够活跃。根据当前的外部经济与文化流动环境判断，短期内过度依赖外部循环的文化发展红利风险较大，而仅利用处于培育阶段的文化市场，推动资源整合统一，开发新兴文化形式又显得后劲不足。如何开发新的交流渠道，创造新的交流形式，构建新的内外文化循环途径，比如开展网络交流会、发挥线上交流平台以减少地域及出行限制、加强数据文化参与度与含金量等因时而利的文化对外开放模式，是有待考虑和探索的重要方向。

(三) 传统文化遗产建设事业方兴未艾

海南省是传统文化大省.目前，海南省国家级非物质文化遗产达到 32 项，如儋州调声、临高渔歌、苗族盘皇舞、海南斋戏、椰雕等。如今，海南文化产业即将进入跨越式成长的跃迁阶段，新旧文化急需融汇创新，打破高质量文化产品后劲不足、新型文化产业根基薄弱、服务供给欠缺等发展壁垒，利用传统文化的深厚底蕴，对于创新型文化产业加以渗透、改良。满足当地居民的文化溯源的民族情怀与热爱民俗传统的文化自信逐渐成为文化产业建设的重要课题。

根据调查显示，居民对于“自贸港建设促进了对地方文化遗产和传统习俗的保护”这一观点整体持认可态度，其中，认为海南在民俗文化、传统文化保护与发展等方面均有所进步的人数达到了 70%(见图 5－8，1 表示非常不认可，7 表示非常认可)。

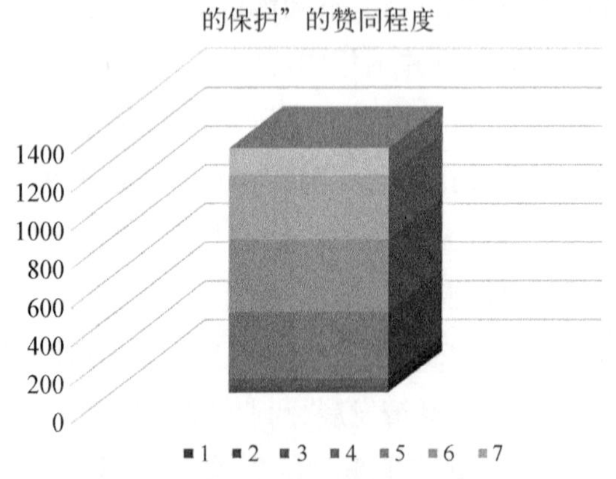

图 5－8 受访者同意地方文化遗产和传统习俗得以保护的程度

他们认为，在日常生活中，可以看到更多属于当地传统文化的影子，无论是外来公司还是本土集团，都在积极以海南固有的独特文化艺术作为产品的研发思路，在设计中加入传统文化元素，将改良与发扬文化作为创设意图。为了满足居民多样化、多层次的精神文化需求，提高海南当地文化知名度与竞争力，建立健全现代文化市场体系，在地方文化遗产和传统习俗保护方面，海南各级政府无论是在顶层政策的制定上，还是在层层落实的实际行动中，都始终要求保护好、传承好、利用好非物质文化遗产，把握传统文化的魂。以坚定居民文化自信为准则，坚持立法与非遗保护精准有效衔接，以全方位落实自贸港建设的文化部署要求，不断为海南传统文化产业投入新动能，极大地增强了海南本土居民的文化自信。

三、生态友好型社会建设区域优势显著

海南坐拥丰富的自然资源和良好的生态环境，全年气候温暖，物种丰富，雨水充沛，有长寿岛、健康岛的美誉。生态环境是海南的核心优势，碧海蓝天是海南的一张“王牌”，在任何时候都应该被放在突出位置加以呵护。早在党中央决定支持海南建设自由贸易港之初，就对生态文明建设提出了明确指示，要求海南要牢固树立社会主义生态文明观，实行最严格的生态环境保护制度，构建国土空间开发保护制度，推动形成绿色生产生活方式。“良好生态环境是最公平的公共产品，是最普惠的民生福祉。”习近平总书记于 2022 年 4 月 11 日前往海南热带雨林国家公园五指山片区考察时指出，海南要坚持生态立省不动摇，把生态文明建设作为重中之重，建设生态文明的保护区，对热带雨林实行严格保护，实现生态保护、绿色发展、民生改善相统一。

自贸港政策落地以来，海南各级政府积极践行“绿水青山就是金山银山”理念，严守生态保护红线，用司法护航生态文明建设，坚持在发展中保护环境，在保护环境中求发展，实现了经济发展和环境质量同步提升。生活环境宜居作为物质生活质量和精神生活质量的重要支撑，生态环境良好、社会环境保障能力增强和城市环境建设普惠是促进社会公平与和谐宜居生活的重要体现。为从此意义上调查居民需求满足程度，本调查从城市环境、自然环境和居民生态保护意识的发展情况三个准则层着手，对于海南生态友好发展进行以下分析。

(一) 城市建设未对环境带来改善作用

受访者中,有超过 80%的居民认为海南的城市环境并没有受到海南现代化建设的破坏,反而由于发展进程的推进而有所改善(见图 5-9)。这是因为海南始终严格遵守自贸港建设中对环境保护的要求,积极响应建设中国特色社会主义环境友好型社会的号召,将环境保护内化为经济发展的前提与结果,将经济与环境的前途紧密相连。因此,尽管海南处于高速发展阶段,各地的城市环境却并没有遭到破坏,而是被投入了更多的资金与资源加以保护和再优化。海南居民对于建设进程中城市环境工作的肯定,反映出海南生活环境宜居的良好性质,将为海南省环境友好型省份建设注入更多动力。

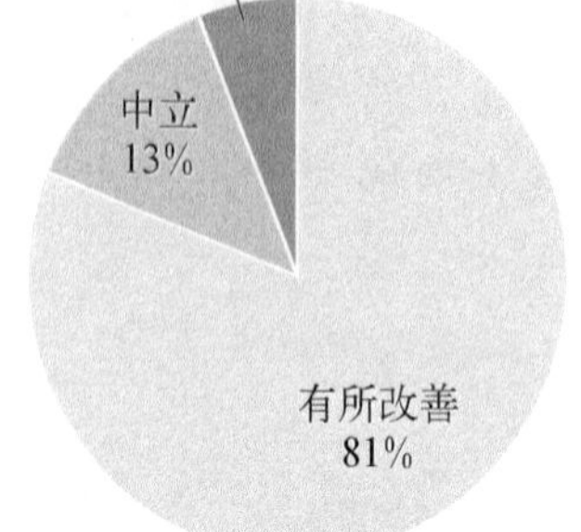

图 5-9　自贸港建设对于城市环境的影响

但是,有部分受访群体也表示担忧,随着城市建设的深入,邻近街道的建筑垃圾处理、公共交通工具的维护、夜晚城市的光污染、代步工具的尾气排放问题将会层出不穷。城市环境也会因此受到一定程度的威胁,为后续高质量发展埋藏隐患。

环境保护是一个永恒的话题,居民对于城市生活环境宜居程度的判断与追求,凸显了海南群众对于人民生活品质的向往与期待。居民基本生活环境状况的提升,有利于促进居民实现美好生活的愿望。环境保护这一宏大课题,贯穿于海南省自由贸易港建设全阶段之中,不仅需要政府进行顶层制度的设计,更要求全民长期共同参与。因此,环境保护始终是海南省政府需要长期重点关注的发展课题。

(二) 生物物种安全屏障牢固

热带森林是结构复杂、具有物种多样性的陆地生态系统,不同的森林因物种组成的不同而独具特点。作为我国唯一的全热带省份,海南拥有 3.54 万平方千米的陆地面积和 200 多万平方千米的海洋面积,气候条件优越,物种组成丰富,群落结构复杂,是全球生物多样性的热点地区,生物物种种类及特有类群均居全国前列，是我国生态安全屏障和生物多样性的天然宝库，也是我国乃至世界的天然基因库，其中珍稀热带植物、陆生野生动物和海洋生物物种十分丰富。一直以来，海南坚持人与自然和谐共生，不断探索保护环境与发展经济共赢路径，举全省之力守护生物多样性宝库，筑牢生态安全屏障。

然而，在调查中我们却发现，尽管表示同意海南生物多样性在自贸港建设中得到保护的本地居民占大多数，但他们所选择的认可等级数值却并不高(见图 5－10，1 表示非常不认可，7 表示非常认可)，认可程度总体趋于保守。这主要是因为受访者对于当地的生态文明系统与生物物种保护工作了解不足所致，这也从侧面反映了有关环保部门对动植物物种保护工作的重要性等专业知识普及还不够，群众对于海南省生态文明的建设参与度较低。生物物种保护同样是生态环境保护中重要的建设议题，应提升民众参与程度，增加相关主体，优化生态文明建设资源耦合。政府应加强群众的关注度与责任意识，全民关注，全民参与，丰沛生态文明的普惠意义。

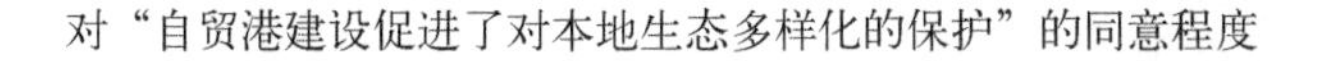

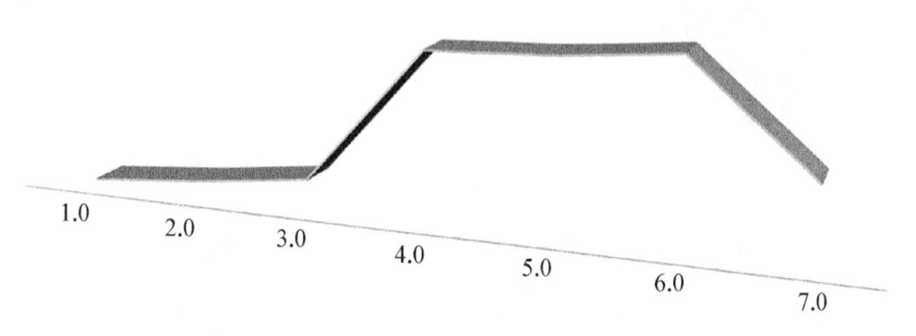

图 5－10　受访者对于对本地生态多样化得以保护的同意程度

(三) 居民生态文明意识助推环保旅游新形式

建设生态文明是当今时代我国社会发展的必然选择，不仅是对历史文明的总结与升华，更是对未来的美好展望。在对待自然的态度上不能一味索取和开发，人与自然的和谐相处才是共生之道。城市环境与自然环境保护事业的稳步推进，与当地居民的生态文明意识休戚相关。解决当前存在的生态问题，改善针对经济发展而带来的环境污染问题，需要用创新的视角与动态的思维，提出实现资源效益最大化的方式。而面对未来的环境挑战，则需要将生态文明的战略意义与重大作用根植于群众意识之中，以实际参与主体的维度出发，达到环境问题的永续良性发展。

根据受访者的反馈，海南自贸港政策落地以来，认为人们的生态文明意识的确得到了提升的受访者占73%。从总体的视角来看，海南省居民重视生态文明建设，对于生态文明建设事业的态度也十分积极。然而，可以观察到的是，在持肯定意见的这一群体中，选择用最大数值来表示非常赞同的受访者并不多。虽然大多数受访者选择了赞同生态文明意识有所提升的这一选项，但超过80%的受访者都选择了5和6，表示比较认可这一观点，但赞同程度相对有限(见图5-11，1表示非常不认可，7表示非常认可)。

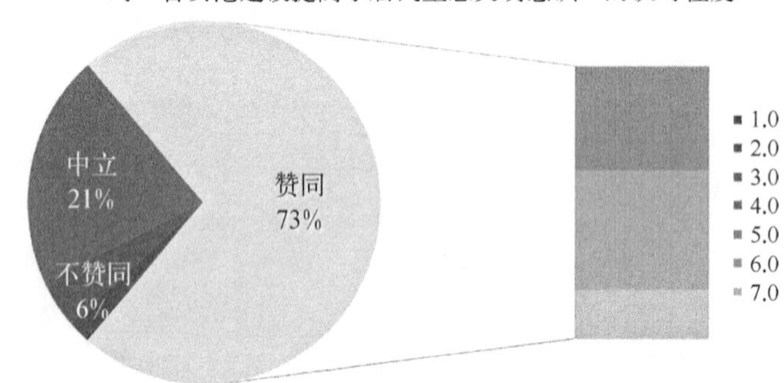

图5-11　受访者对于居民生态文明意识有所提高的同意程度

生态文明建设事业并不是隔绝于其他建设领域的独立个体。相反，只有将其置于与法制建设、经济建设、制度改革相辅相成的地位，才能使生态文明建设焕发新的活力。海南省在这个方面的结合上做出了诸多尝试与构建。例如，环保与旅游两相结合，开拓新思维发展潜能。然而，尽管海南的环境保护事业处于发挥社会合力，聚合资源效益的良好前进阶段，继续提高居民的相关生态文明意识依旧任重道远。人不负青山，青山定不负人。海南省应全力落实“一本三基四梁八柱”战略框架，当好高质量发展的推动者，当好青山绿水、碧海蓝天的精心呵护者。

第三节 居民对高品质生活充满期待

2018 年 4 月 13 日，习近平总书记出席庆祝海南建省办经济特区 30 周年大会并发表重要讲话，指出，海南发展要以人民为中心，让改革发展成果更多、更公平地惠及人民。2022 年 4 月，习近平总书记前往海南考察，他表示，海南省各级领导干部、政府部门应贯彻党的群众路线，想群众之所想，急群众之所急，将党的根本宗旨践行于自由贸易港的建设之中。近年来，在建设自贸港的政策优势和制度引领下，海南加强资源重组、产业赋能，聚焦于保护、开发等关键性问题，为海南向多维度发展奠定了良好的基础。在高屋建瓴的顶端政策之下，是对人民群众需求的切实关注，是将发展成果普惠海南群众的真切行动。

为更好地把握建设堵点，抓住民生需求，本调查针对社会建设方面展开了范围广、跨度大、类型多的意见收集。我们发现，不同海南居民群体对于自贸港建设下生活质量变化的认知存在着显著差异。基于个体特征差异，可以探究不同人群对自贸港建设的认识度、认可度、自我关联性和投身意愿的差异性，以及对自身和整体居民生活质量的感知的不同。“民之所盼，政之所向。”只有把握不同群体对生活品质的需求点和聚焦点，依托特有的资源禀赋，抓住各个维度的建设痛点，才能从社会层面更好地推动自贸港建设。

一、老年群体对自贸港的认同感更加深厚

海南省自由贸易港紧跟国家宏观调控措施，持续释放政策红利，在优化产业结构，激发市场活力的基础上不断提升经济增长质量。近年来，居民身心健康与生活质量水平的增加与海南夯实经济基础，加强政策护航，发挥制度优势有着密切关联。如何在高质量发展阶段之下，使建设成果惠及更多居民，将建设关键点指向居民生活质量改善新层面？如何将时代赋予居民生活质量的新标准与新特征纳入总体建设体系之中？诸多问题的答案，可以在对于居民生活质量认知度的调查中剥茧抽丝，开拓思考。因此，将生活

质量作为经济高质量发展的重要衡量指标，使其成为社会各界高度关注的焦点，并将自贸港建设是否改善生活质量成为衡量社会是否全面进步的重要标志，对于海南自由贸易港建设具有重大战略指导价值。而调查自贸港建设是否从本质上给人民群众带来了积极作用，测量居民对于自由贸易港政策的了解度与认知度是基本要务。

本次调查分别针对青少年、青年、中年，老年四个不同年龄段的群体展开。总体来看，在所有年龄段的受访者中，认为自贸港建设是有利的人数均超过了 70%。海南居民普遍对当前建设成果具备基本的了解，并给予了积极的反馈。其中，老年群体的认同比例最高，达到了 78%。值得注意的是，调查结果显示，无论是对自贸港政策的熟悉程度，还是对自贸港建设意义的认知程度，抑或关于自贸港建设与自身的关联性，以及投身自贸港建设的意愿等方面，老年群体的态度都是最积极的。尤其是对于认为自贸港建设是否重要的问题，其赞同程度达到了 78%，比受访中的所有年龄群体都高，更是比青少年群体 68%的赞同比例高出了 10%(见图 5 - 12)。尽管由于智能设备在老年群体中普及率并不高，老年人可能会存在对最新政策了解不足，跟进不快的情况，但他们依旧保持着较高的了解程度与讨论意愿。可见自贸港的建设并非数据化的呼吁与宣传，而是将建设落到实处，将建设成果实实在在地摆在了群众面前。

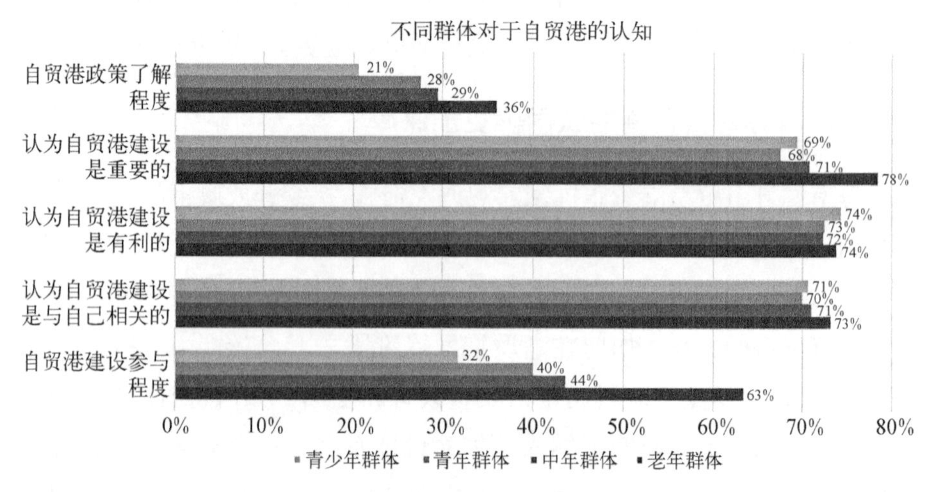

图 5 - 12　不同群体对于自贸港建设的认知

相比较而言，随着受访者年龄的降低，对于自贸港建设的了解程度和投身意愿也在相对减弱。虽然整体上其他群体对于自贸港建设意义和认可程度基本持平，但仍不如老年群体积极。而自贸港的建设恰恰需要得到广大青少年和青年群体的认可与支持，也需要更多如千禧一代的青年群体的积极参与，以作为长续发展中最坚实的年轻力量储备。因此，从教育及宣传的维度上说，加强未来建设储备力量的精神富足程度与参与建设使命感，将建设海南作为青少年、青年群体的人文认同与奋斗课题，强化中坚力量的内生动力，是海南政府需要给予更多关注与持续跟进的方面。

二、投身自贸港建设意愿区域间差异明显

由于不同经济阶段对于居民生产生活认知度具有不同程度的映射效应，海南省内发展需求定位所需要面对的区域发展不平衡不充分的现实困境在一定程度上影响了群众对于建设自由贸易港的参与意愿水平。在全省范围内，不同城市的居民对于自由贸易港建设背景下人们生活质量的改变亦有不同的认知。

调查反映，省会海口作为自贸港的核心承载区与辐射中心区，其受访居民对自贸港政策的了解程度和建设意义的认知水平基本处于领先地位，28%的受访者表示自己对于自贸港系列政策的了解程度可以称得上“熟悉”。其中，74%的海口居民认为自贸港的建设意义重大。相比之下，其他地区受访群众对于自贸港建设的个体认知度便较为保守了，如经济发展势头相对较弱的琼海市，仅有 18%的居民认为自己了解自贸港的相关政策。其他各不同城市之间也存在一定的认知差距，但总体相差并不大(见图5-13)。

值得注意的是，在自贸港建设与自身的关联性和参与自贸港建设的意愿这两项调查项目中，海口受访者的反馈的积极性并非最高，甚至在一定程度上落后于陵水、万宁两个城市。究其原因，主要是海口发展已经向产业结构配置优化，促进产业深度融合发展的阶段迈进，市场流转放缓，就业现状已经趋于稳定，居民对于美好生活追求的意愿和能力从社会层面转向个体层面，生活期待向着福祉满足型、福祉优越型转移。而处于高速建设中的陵

水、万宁等城市则因自贸港建设下提升经济动能是当前要务，居民收入增长的来源与结构有待调整，社会福利均衡化机制仍需进一步发展的阶段，居民依旧将加强社会运转效率，投入社会建设作为自己的目标，城市中的就业机会指数型增长，建设需求缺口较大。

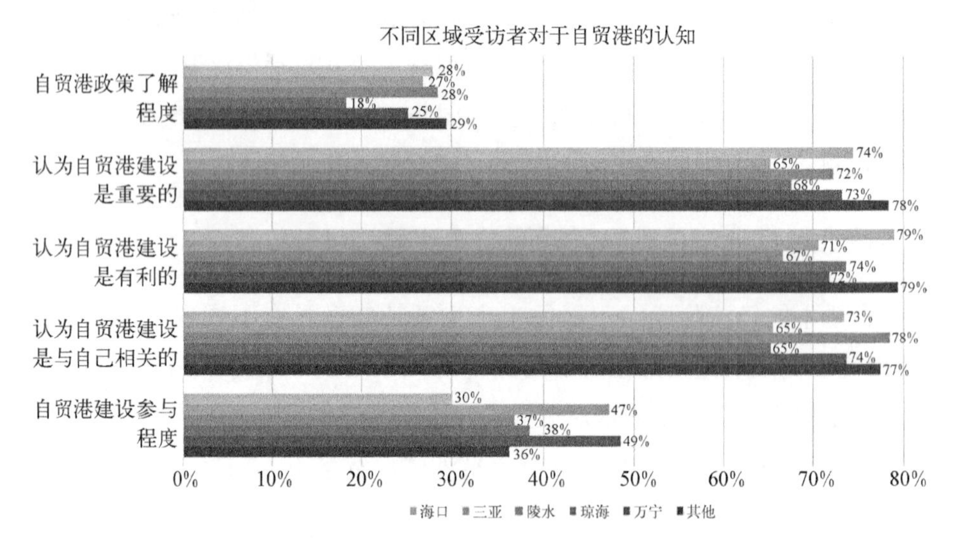

图 5-13　不同区域受访者对于自贸港建设的认知

其他方面，以海口和三亚两大海南省最主要的经济体做比较，两大城市的受访居民对于自贸港相关政策的了解程度基本一致，分别为 28%和 27%。而在投身自贸港建设方面，与其他城市一样，三亚居民的反馈也同样优于海口，47%的三亚居民表示愿意参与自贸港建设，而海口则只有 30%的受访者选择将会参与。但是，在自贸港建设是否有利这一方面，海口居民普遍的认可程度较高，为 79%，而三亚只有 65%的居民认为建设成果有利于城市进步与居民发展。

需要特别说明的是，在接受本项调查的受访者中，除了海南原住居民外，也有一部分属于从外省移居而来的“新海南人”。有趣的是，相比较本地原住居民而言，新海南人对自贸港系列政策接触意愿更强，关注程度更深，尤其是在“自贸港政策的了解程度”、认为“自贸港建设是否重要”以及认为“自贸港建设是否有利”这三个维度，其赞同比例在受访群体中均排名第一。由此可见，“新海南人”对于自贸港的建设具有更高的使命感，他们已经在定居海南的时间里逐渐成为建设的中流砥柱。同样令人鼓舞的是，对于自贸港建设意义这个话题，无论是新海南人还是原住居民，都有着较高的支持度与活跃度，他们大都认为海南自贸港相关政策将会给居民生活带来巨大的便捷与利好，在建设进程之中，居民的成长需求，情感需求以及享乐需求都得到了有效保障。由此可见，在政策护航，经济助推之下，稳步落实各项政策，将建设成果转换为民生福祉无疑是心之所系，民之所盼。

三、搭建强化就业保障的市场优化框架

就业不仅是民生问题，也是发展问题，有就业才有收入，生活才有奔头，也为社会创造财富。就业工作是民生工程，是发展支撑，需要基层任务与顶层制度的统筹谋划。打好就业攻坚战，维护就业大局稳定，是提升居民收入，加强社会财富累积的重要保障。测量海南本地居民的就业水平，不仅可以直接反映出居民收入与生活质量，也从另一方面体现了自贸港建设的经济成果是否惠及居民，对海南居民对相关政策的认知与民生福祉的认可具有重要意义。

本项调查数据显示，受访者的就业情况总体良好，所有处于劳动年龄的群体基本无大量待业或失业现象。这反映出海南当前就业市场需求依旧存在缺口，市场主体活力依旧充沛，居民就业形势总体向好。然而，值得注意的是，受新冠疫情冲击，负向消费需求冲击在短期内导致失业率大幅上升，与此同时带来产出减少、消费缩减、岗位空缺等问题，即时性、接触性消费被动收缩，劳动力吸纳能力强的服务业等部门遭受重创。因此，即使当下海南居民对于就业状态仍保持乐观态度，政府部门依旧需要介入稳定市场就业岗位供需协同，设法清除居民就业过程中存在的隐患。

在就业结构方面，调查结果显示，月薪处于 3 000 元以下的人群不在少数，月薪在 3 000 元至 6 000 元之间的占大多数，而月薪能达到上万水平的群体只是凤毛麟角。由此可见，海南的低薪就业依旧是劳动市场的主流，就业结构中低端比例过重，高端就业带动力不足。也就是说，排除未达到就业年龄的受访者，受访者中有 40%以上的劳动人口薪资水平都处于国际平均甚至以下的区间，海南自贸港建设下的中低端就业流动性较弱，高端就业依旧存在较大的上升空间（见图 5 - 14）。

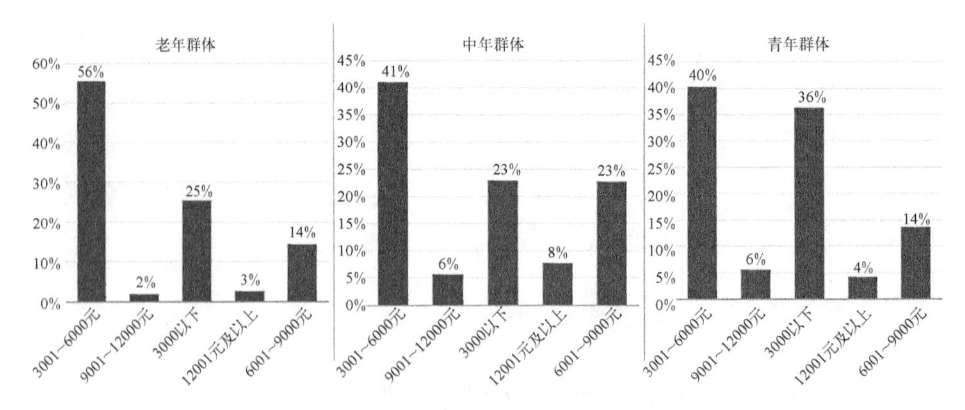

图 5－14　不同年龄段受访者的薪资分布

结合上一项关于自贸港建设拥护程度的调查，不难看出，在宏观条件基本不变的大前提下，劳动人口的薪资区间、就业水平与其愿意参与自贸港建设的积极性有着直接的关联。因此，自贸港建设给予就业市场的潜力激发程度不足，就业方面资源滞后，员工福利长期未有提升，那么一定程度上，居民对于自贸港的建设认可度与支持率就会相应减弱。因此，压实各方责任，将就业作为自贸港建设的核心要务，是提升居民满意度的有效途径。

四、筑牢群众情感纽带

居民地方依恋感的概念内涵不断得到充实与明晰。尽管自贸港建设相关政策落地时间并不长，但其建设所激发的群众家乡情怀充盈着时间沉淀的厚重。本次调查从受访居民在海南的居住时长着手，关注海南本土原住居民的情感依托与外省新海南人的受接纳程度。

通过本项对所在城市自贸港建设管理满意度调查，我们发现并不是随着在海南居住时间的增加，居民对生活质量的满意度就会呈正比例增加。如图 5－15 所示，在低于 1 年到生活 20 年内的区间，居民生活满意度存在波动。更有趣的是，在海南居住时间超过 20 年的受访群体的满意度独占鳌头，占比超总人数的 50％。可以看出，这部分受访者对于海南具有更强的地方依恋感，相应地，对于相关政策建设利好的满意度更高。但从受访者的心理认同角度分析，这一群体的高满意度主要源于对 20 年前后海南生活质量的时空对比，而非完全来自自贸港建设的前后差异。因为在调查中我们也发现，在反映海南居住时间为1年到10年之间区间数据中，并没有显示居住7～10年的群体满意度明显高于居住4～6年的群体满意度现象，居住时间的增长并不足以加强对于自贸港的满意度。而针对在海南居住时间并不长的这一部分群体，缺少成长经历与归属情怀的加成，因此需要海南政府在生活感受和地方依恋感等方面给予更多的关注，加大更多民生事业的投入，从而增强其接纳感，以提升这部分群体对于海南社会建设内生使命感。

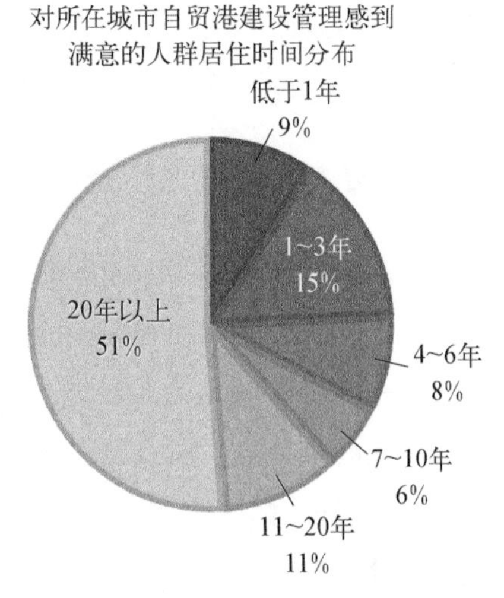

图5-15　对自贸港建设管理感到满意的人群居住时间分布

第四节　居民积极展望自贸港建设前景

建设自由贸易港，党中央要求海南必须坚持以人民为中心的发展思想，持续保障和改善民生，在自贸港建设中扎实推动共同富裕，让改革发展成果更好更公平惠及全体人民，让百姓有更强的获得感、幸福感、安全感。然而，政策的落实需要时间的沉淀，也会遇到各种不可抗力的影响。因此，自由贸易港建设在海南的未来展望中既承载了民生需求的必然，也面临各种风险挑战。

在调查中我们发现，人们对于美好生活的期待或许并不能迅速达到预期，但他们仍然对未来生活质量满怀美好憧憬，在党中央的正确领导之下，海南建设必将走向鲜花遍布的康庄大道。海南政府应认真贯彻落实党中央、国务院决策部署，坚持稳字当头、稳中求进，坚持不懈地将建设成果转换为惠及人民群众的福祉民生，以不负人民的重托和期望。人民亦需始终保持冷静乐观的态度，全面信任和支持党的建设工作，将赤诚的社会责任感细化为切实的城市建设行动。政府与人民相互成就，共同书写新的美好生活篇章。

一、自贸港建设成果惠及群众

念“民之所忧”，亦行“民之所盼”。居民对于未来生活的期待是社会建设的隐形推动力，只有海南群众给予建设明确的目标感，给予成果热切的期待感，才能将市场动力充分激发，将产业主体逐渐扩大，为社会建设注入稳定、积极的推动力。群众对美好生活的追求除了受外部因素的影响外，也受自身对美好生活追求的意愿和能力的影响。由于居民生活质量反映的是一个综合性的评价体系，既包括客观指标也包括主观评价。居民在社会生活以及生活方式等层面的主观评价同样具备重要的研究意义。

海南居民在对于个人生活质量是否得到提升的问题认为“我的生活质量得到了提升”的人群占比稍小，但整体态度依旧十分积极。有五成左右的积极声音认为尽管目前自贸港建设受疫情等不可抗力的因素影响，并没有在提高市民生活水平方面发挥明显的作用，但他们的生活质量依旧在不断改善，对未来的发展依旧信心十足(见图 5 - 16)。这说明居民对于当下的生活水平还是比较满意的。在调查的过程中，许多居民纷纷表示，可以充分理解国家和省政府组织的宏大改革政策与措施并非纸上谈兵，一朝一夕就可以完成，其对未来的生活质量提升整体持乐观态度。关注政策建设与居民

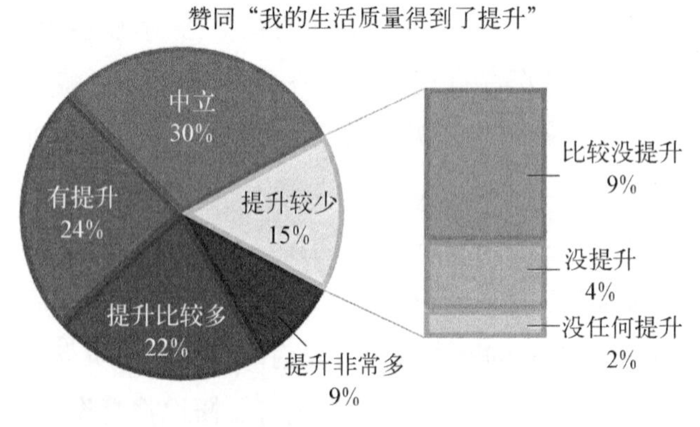

图 5 - 16　受访者认同个人生活质量得到提升的程度

生活获得感有效衔接的问题，减少因制度改革带来的福利不对等现象依旧是建设的关键层面。海南自贸港建设主体要切实为当地居民带来生活质量上的显著提高，经济发展结果的转换需要扩大受益主体，成果的显现仍然需要时间的沉淀与政策的推进。

二、城市建设未来可期

城市各类产业的联合发展，改革发展的进程深化无不与城市建设息息相关。作为社会发展的重要一环，城市建设能够赋予经济增长新的能量，进一步加强城市治理，促进社会公共服务效率的提升，从而为当地居民带来更加智能、便捷的生活。本调查关注海南受访人员对于城市化建设的反馈意见，从居民生活体验感的角度探究建设痛点，把握发展要领。

数据显示，在城市建设方面，相较于“我的生活质量得到了提升”，认可人群占比稍大，受访居民对于所在区域整体持较满意态度。66%的受访居民认为，目前为止，他们对海南自贸港的城市建设较为满意，认为其确实为自己的生活带来了发展层面上的积极效益(见图5-17)。然而，这一部分呈积极态度的群体，对城市建设表示非常满意的人数并不多，其中的大部分人只表示比较满意，态度并不强烈。他们认为，在政策大方向利好的形势之下，城市建设虽取得了显著成绩，但落实于日常生活之中，通勤、娱乐、环保等领域在城市管理中的具体政策的推进与监督方面还存在缺漏，这在某些方面给城市生活造成了不便。

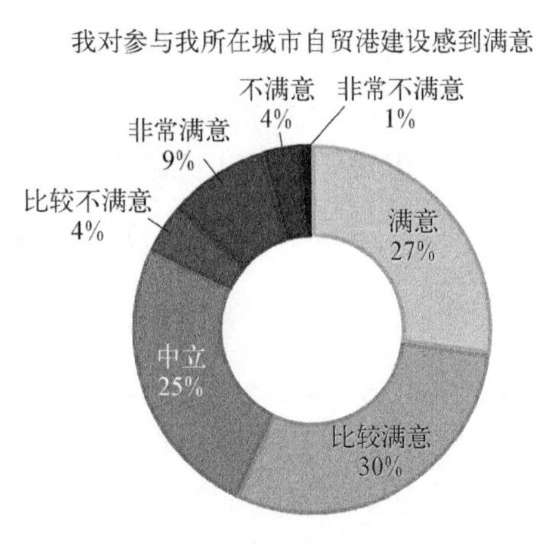

图5-17 受访者对城市自贸港建设感到满意的认同度

受访者纷纷表示，由于政策推行年限较短，又受到了新冠疫情的限制，自贸港建设推进存在阻碍可以理解。当前发展前景探索步调小，少数群体的个人生活质量并没有因自贸港建设而带来显著提升，居民美好期待有所落空。甚至存在外来人才大量流入导致就业竞争激烈，基础设施不够完善导致资源整合不均等问题，给居民的生活造成了一定程度上的负面影响。然而，这些问题也是发展进程中不可避免的现象。城市发展带来的社会困扰必然存在，受访居民表示相信政府能够协调好城市建设问题与居民生活负面影响的源头痛点，化害为利，对所在城市未来的发展依旧充满信心。

三、对政策落实秉持信任且热情响应

针对自贸港建设的满意度调查，除了以上对所在城市的建设满意度和个人生活质量提升满意度调查外，本项调查从居民获得感、生活满意度着手，探讨了基本物质保障、文化自信、环境友好等方面的问题。从总体维度上思考，我们将居民调查结果划分为自贸港建设与管理的满意程度和支持自贸港建设的意愿两个维度。根据图 5－18(图中数值表示从 1～7 的赞同程度递增的选项中，居民选择数据的平均值)可知，居民对当前自贸港建设成果的满意度不高，这主要是因为各项政策落实与持续推进依然存在起效时间的问题，高楼大厦的建成需要时间、新型投资的引入也需要沉淀，社会发展成果并不是一蹴而就的。因此，尽管居民对当下自贸港的建设满意度并不高，但对于自贸港规划下未来海南的发展远景仍怀有期待。

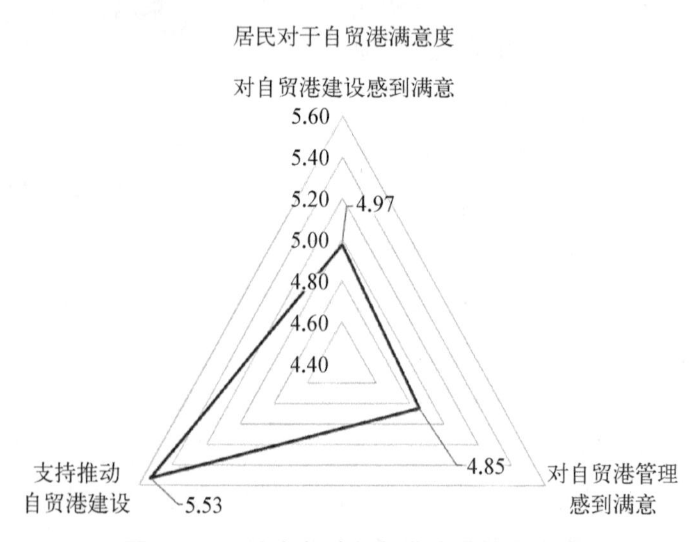

图 5－18　受访者对自贸港建设的满意度

与此同时，尽管当前的自贸港建设并没有促使居民幸福指数远超期待，但居民依旧对于海南未来的建设进程抱有充分的信任和高度的热忱。居民愿意将自己的个人奋斗与社会整体建设两相结合，以个体力量融入总体建设合力。从本地调查结果中看，我们完全有理由相信，高屋建瓴的宏观规划与脚踏实地的落实步伐有机结合，海南建设稳中向好，居民美好生活未来可期。因此，自贸港的建设应该积极推动民生政策工程，强化居民成长的内生动力，提升居民幸福感与获得感，促进物质增长与精神富足协同进步，将满足人民日益增长的美好生活需要为奋斗目标，如此必将不负海南居民所望，在未来创造更加美好的生活品质。

第六章 提升自贸港居民生活质量的若干建议

第一节　全方位加强区域城市建设

一、继续深化完善基础设施建设

（一）着力打造全岛高质量贸易环境与营商环境

党中央、国务院对海南自贸港建设提出明确要求：到2025年营商环境总体达到国内一流水平，到2035年营商环境跻身全球前列。海南应紧抓自贸港早期政策利好，以技术创新赋能“放管服”改革，加大企业发展制度保障，多措并举着力改善自贸港营商环境。习近平总书记强调“营造市场化、法治化、国际化一流营商环境”。营商环境是市场经济的培育之土，是市场主体的生命之氧，只有进一步优化营商环境，才能真正解放生产力、提高竞争力。法治是营商环境的核心和关键，能够为营商环境不断优化提供最根本、最稳定、最长久的保障。优化海南地方营商环境首先要严格地方法治环境。中央全面依法治国委员会第二次会议强调，要把平等保护贯彻到立法、执法、司法、守法等各个环节，依法平等保护各类市场主体产权和合法权益。在营商环境方面，我国已初步形成了以《优化营商环境条例》为核心、不同部门法的相关规定为补充、地方优化营商环境的专门性立法为枝干的制度体系。海南地方法律部门应积极完善优化地方性法律体系与法规条例，为自贸港建设下的国际贸易提供强有力的运营准绳和评判准则，营造市场化、法治化、国际化的营商环境。其次，遵循打造国际一流营商环境的共同标准和共同规律：除了法治体系的完备性，还需保证经济政策的明确性、市场体系的公平性、政府服务的高效性以及要素供给的充足性。

于宏观经济层面，海南政府应当积极利用国家给予的扶持政策，加大力度建设高水平的海南自由贸易港，推动海南本土贸易自由化便利化，优化整体经济环境，加强与国内各地区的经济合作的同时充分利用外资，充分发挥自身作为 21 世纪海上丝绸之路重要节点的地理位置优势，继续坚持对内改革、对外开放，主动与海外企业、政府进行经济贸易往来，最终实现海南经济总量有效提升、地区经济实力显著增强的经济格局；于微观经济层面，出台更多支持小微企业发展的法律法规、金融政策。小微企业是国民经济的重要组成部分，在提供就业岗位，推进城镇化建设，推动科技创新，促进经济增长和维持社会稳定。海南出台更多推动小微企业发展的政策，一方面有助于推动经济总量的提升，另一方面为海南人民提供了大量的就业岗位和可观的收入，让改革红利更多遍及全体海南人民，减少自贸港建设阻力，实现长远可持续发展。

（二）完善包容性城市与智慧型社区基础设施建设

基础设施是经济社会健康发展的基石。回顾海南自新中国成立以来的发展史，正是依靠抓住重大机遇、大力推动基础设施建设，使得落后的小岛迅速发展成如今的自由贸易港。而现今自由贸易港的建设、海南经济与社会的发展、当地人民群众的幸福生活依旧离不开完善的基础设施。全面加强基础设施建设，构建现代化基础设施体系是自贸港发展的基础要求。调查结果显示，绝大部分受访者认为近两年海南的基础设施建设水平得到了较大程度的提升，但在一些特定的领域仍存在改善的空间。

作为国际化区域的打造，海南城市的基础设施应更加注重展现城市与社区的包容性。老龄人口和残障人士的数量在全世界范围内逐年攀升，具有包容性的城市更新逐渐在发达国家的城市改造过程中受到关注和重视。经济层面上，包容性设计能够促进弱势群体的生产及消费；社会层面上，则有利于他们平等共享应有的社会资源和福利。联合国新制定的可持续发展目标首次包括了一个专门针对城市发展的目标：使城市和人居点具有包容性、安全性、可持续性以及韧性。当前，很多国家政府都在采取措施，把促进包容性城市发展纳入其规划和政策。国家与城市的竞争力不仅在于拥有资源的多少，更在于如何汇聚全球性资源、成为资源自由交流的中枢。只有包容性足够强的城市才能汇聚众多全球性人才与资源。结合国际化城市建设的典型案例与最新的发展趋势，秉持人文主义关怀与全心全意为人民服务的宗旨，海南省城市与社区的基础设施建设也应更具包容性，更多地照顾到少数群体与弱势群体的需求，营造多元、平等、包容的城市氛围。

多样与包容、开放与共享已然成为现代国际化城市的特征，而智慧城市作为现今全国乃至全世界国际化大都市规划与发展的追求，应当以建设包容性城市与包容性社区为主要发展方向。习近平总书记在党的二十大报告中指出，打造宜居、韧性、智慧城市。这是以习近平同志为核心的党中央深刻把握城市发展规律，对新时代新阶段城市工作作出的重大战略部署。海南省早在 1997 年就在全国率先提出“信息智能岛”建设的理念，并于近些年取得飞速进步与显著成就。2020 年新基建大潮下，作为重点发展省份之一的海南也发布了《智慧海南总体方案（2020—2025 年）》，指出将自上而下构建体系优化、资源共享、功能强大、应用丰富、管理高效的智慧海南总体架构。智慧海南的建设应当在当前较为系统的总体架构上着重强调其包容性发展方向，以智慧城市技术的不断探索与开发为引擎建立包容性机制、建设包容性基础设施，尽力保障城市中每个个体的合理需求。

（三）改善交通基础设施与深化交通监督管理体系

调查研究结果显示，众多受访者认为交通拥堵是如今主要的城市问题。城市道路交通基础设施是城市交通运行的物质基础和根本保障，海南基础设施建设的查缺补漏应该从城市道路交通基础设施入手，以缓解城市交通拥堵为目的，定期搜集交通相关民意、采用智能化交通管理系统监督实时路况、统筹城市规划与交通布局、拓展道路总容量、重置道路功能、增加停车位、优化和调整道路交通基础设施网络结构、优化出行结构、实施公共交通设施战略，从根本上改善城市“交通病”。政府应该加强对海南公共交通事业的支持力度，从政策方面确立公共交通的重要地位，鼓励市民选择公共交通作为首选出行方式,发展绿色出行的同时限制海南“摩的”的非法经营,使客流合理化流向更为安全、便捷的公共交通。

面对城市道路狭窄、破损的问题,市政部门应该投入更多的财政资金,用于更新维护海南城市道路,拓宽道路,及时对破损道路进行维修;针对海南气候炎热、阳光照射强烈等特点,寻找更适应气候的路面涂料;对重型货车违规上路进行严抓严罚,坚决杜绝破坏路面的违法运输行为。海南应主动借鉴海外热带城市建设的经验,因地制宜应用于海南道路建设,尽可能减少路面狭窄造成的车辆拥堵、事故频发以及路面破损造成的积水等问题对居民日常生活的影响。交通基础设施产品的质量也应得到监督和保障,交通基础设施企业应将安全生产与严谨工作牢记在心,定期召开相关会议、阶段性抽查交通基础设施、建立交通基础设施质量管理责任制度,从源头上为居民出行安全保驾护航。

港口运输方面,进一步规范交通运输市场的监管和运营管理,积极打破各类壁垒障碍,实现集港口、船舶、调度等资源运用权力于一体的交通监管体系,设立相应企业以实现统一管理、统一分配收益、统一规划发展交通监管部门也应着力于应对不可抗力因素的解决措施,探讨受自然灾害影响情况下通航终止和启动通航事宜,由交通部门办公室负责协调工作及制定航班时刻表、决定重大节假日及抗击疫情的港口及航运的通航应急方案。同时应加大政府干预力度,加快交通运输结构转型升级与监管制度改革。

《海南省“十四五”综合交通运输规划》中指出全省综合交通运输发展的总体目标、重点任务和政策方向。海南将围绕“全省一盘棋、全岛同城化”,统筹岛内各种交通方式的资源配置,推进城际交通快速化、通勤交通便捷化和城乡交通一体化,推动中心城市与周边城镇之间形成更加紧密的互联互通格局;“规划”强调全省将初步建成立足海南岛、服务全国、面向“两洋”、联通世界的国际航空航运枢纽,实现门户枢纽竞争力影响力显著提升、对外综合运输通道通达顺畅,岛内综合交通网络更加完善、综合运输服务一体高效的阶段性目标。加强区域协调与合作。与粤港澳大湾区及内陆地区建立更多联系;提升国际化水平、加强国际标准跟踪、评估和转化力度;推进优势与特色领域标准国际化,打造海南特色品牌标准是全省交通运输发展的大势所趋。

二、加强城市环境与居民生态文明意识

(一) 严抓空气质量、城市环境与生态文明建设

空气质量是居民生活质量的重要保障，它与人们健康水平有着直接且紧密的联系。优质的空气质量不仅是岛内居民最为满意的自然环境因素，更是吸引岛外人员前来旅游观光、定居、疗养的招牌。使海南的生态环境质量居于世界领先水平、确保空气质量只升不降是海南省未来生态环境发展的目标。湛蓝的天空与清新的空气作为海南省城市居民最引以为傲的自然环境优势不应成为城市发展的牺牲对象，反而应当始终为海南城市居民的健康幸福生活保驾护航。严抓空气质量的监督工作，建立健全预防与治理空气污染的有效机制，严厉打击一切以损害空气质量为代价的个体、商业、产业行为，保护海南的清新空气和湛蓝天空应未雨绸缪。

生物多样性丰富是低纬度地区的生态环境特色。作为我国唯一的热带岛屿省份，海南省生物种类及特有类群均居全国前列，是我国生物多样性的天然宝库，也是我国乃至世界的天然基因库。海南的生态文明建设应以守护丰富的生物多样性为切入口，确保全省生物多样性保护工作落实到位并处于全国前列。落实《海南省生物多样性保护战略行动计划(2014—2030)》指出，要完善生物多样性保护相关政策、法规和制度；加强生物多样性保护能力建设；强化生物多样性就地保护，合理开展迁地保护；提高应对生物多样性新挑战的能力；提高公众参与意识，加强国际合作与交流；促进生物多样性资源可持续开发利用，探索建立惠益共享制度等举措。然而，生物多样性一方面是城市自然环境条件优良的表征，另一方面也扩大了疾病传播的风险，这意味着城市的卫生监测与管理、疾病防治工作也要得到高度重视。政府与相关部门应加大环境卫生法规执法力度，接轨全球化引入现代环卫管理体系，打造先进环卫管理城市，做好城市环境卫生宣传教育工作。

在秉持生态友好与环境可持续的原则下，坚持走高质量发展路线建设现代化的海南岛。党的十八大以来，习近平总书记主打谋划、部署推动海南建设自由贸易港和国家生态文明试验区，这是中国特色社会主义在海南做

出的重大实践，具有战略示范意义。在《国家生态文明试验区（海南）实施方案》中，海南被赋予生态文明体制改革样板区、陆海统筹保护发展实践区、生态价值实现机制试验区、清洁能源优先发展示范区的战略定位。党的二十大报告提出尊重自然、顺应自然、保护自然，是全面建设社会主义现代化国家的内在要求。首先，海南岛的未来发展应始终把生态环境保护与生态文明建设摆在重要位置，以科学方法与务实行动保护海南省独特的生态系统、生物物种与自然资源，协调处理好自由贸易港建设背景下生态环境高水平保护和经济高质量发展的关系。居民与群众作为地区生态文明建设与环境保护的重要参与者，同时也是生态环境建设的受益者，应当培养强烈的生态文明意识和高度的环境保护自觉。为提升公众生态环境素养，应首先为其提供深入学习贯彻习近平生态文明思想的渠道，让其意识到自身于生态环境建设的责任感和重要性；其次，要不断加强公众生态环境保护宣传、教育、技能培训工作，不断提升公众生态环境保护能力。思想基础与行动落实的双重保障方能促使群众参与海南岛生态文明试验区建设。

（二）协调城市功能区、城市绿化及污染防治工作

调研结果显示居民对海南省城市（主要以海口市为代表）的居住区环境的评价呈现两极分化，表明海南省城市的居住区环境存在社区规划标准不统一、管理工作不同步等问题。城市居住区分化的产生无法避免，但城市与社区管理者应着力同步不同区域的管理标准和规划整齐度，解决部分城市居住区安全性差、监控缺失、卫生条件差、道路积水等扰民问题，尽力缩小不同区域居住区的差距。调研结果表明，居民认为与内陆省会城市、一线城市的商业区相比，海南省城市商业区的规划建设与管理有待提升。城市商圈目前需要解决功能不够齐全、特色不够鲜明、环境不够整洁、人气不够旺盛等问题。

结合走访中群众反映和调查数据结果分析，自贸港建设下城市环境暴露的主要问题有噪音污染与城市容貌管制力度弱。城市噪音主要来自交通运输、工业生产、建筑施工以及社会生活。长时间生存在噪音环境中会对居民身心健康造成极大的危害。城市与区域的发展和建设不应以牺牲居民的

健康为代价,相关部门应给予高度重视,并及时采取科学的、具体的预防与控制策略。针对不同的噪音传播形式,开展分段治理措施;科学布设城市绿化带、合理规划城市布局;对噪音治理条例进行完善;利用多媒体平台加大宣传和监管力度。针对部分居民反映的垃圾污染和河流异味等问题,除采取与减轻城市噪音污染类似的途径外,可通过建立分区管理模式等方法加强垃圾分类的实施力度、适当增加街道垃圾箱数量、采取物理或生物措施减弱城市垃圾与河流异味。合理布局与设计城市绿化在能够减弱城市噪音的同时也是展现城市风貌的名片以及提升居民生活舒适度的法宝。绿化覆盖率的增加和城市公园数量的增多是城市绿化工作的显著成就,但针对部分居民提出的城市绿化用树和行道树种类单一、缺少特色、缺乏规范和标准等问题,相关部门需进一步商讨相应的解决措施。

(三) 改善市容,提升居民文明素质

在走访过程中,部分居民表示海南省大部分城市的市容和城市居民的文明素质有待提升。根据国家市容标准文件,城市容貌(市容)是指城市外观的综合反映,是与城市环境和秩序密切相关的建(构)筑物、道路、园林绿化、公共设施、广告招牌与标识、城市照明、公共场所、水域、居住区等构成的城市局部或整体景观。打造高质量的国际旅游岛与国际贸易港,需要城市管理者从以上维度入手,更加注重市容的建设与整洁度的提升,从而营造更好的国际化形象。环境监管部门应努力从根源上解决困扰居民的城市问题,为居民提供良好的城市环境与生活空间。

城市居民的文明素质作为城市形象和城市风貌的综合反映,在城市容貌的建设中占据重要部分,其一方面与受教育程度有关,另一方面也与社会经济发展水平和社会公共资源分配有着密切联系,随着海南省经济社会的发展以及受教育率的大幅提升,城市居民的文明素质也会有显著的提高。但就目前而言,能够有效提升海南省城市居民整体文明素质的途径主要有利用新闻、舆论、宣传等力量转变居民观念;以开展社区论坛、建立社区教育中心、举办社区文化展演活动,并引导居民积极参与,激发其城市主人翁意识与文明观念;推动奖罚措施的实施和榜样形象的树立等。同时居民素质

若需得到整体提升，则应注重区域协调发展与社会公共资源的合理公平分配。党的二十大报告指出，推动明大德、守公德、严私德，提高人民道德水准和文明素养。相关部门应继续以常态化、长效性打造的特色文明实践项目为抓手，让本地居民群众在长期参与中得实惠、受教育、尽责任，继续统筹推动文明培育、文明实践、文明创建，不断丰富群众精神世界、提升精神风貌。

三、注重居民基本社会保障

（一）合理调控物价与房价保障居民的基本需求

合理调控物价与房价，保障居民“食”与“住”的基本需求。

居民的基本社会保障是实现美好生活的物质基础，而着力解决群众关注的民生问题是满足人民日益增长的美好生活需要的最基本实现途径。物价和房价作为影响居民最基本生存保障的“食”与“住”的要素，也是最受群众关注的民生问题。由于海南岛本身的交通区位因素限制，岛内物价一直都高于全国平均水平。而近些年在“国际旅游岛”与“国际自由贸易港”双重标签的作用下，海南的物价房价的大幅度增长人尽皆知。据调研数据显示，近八成的受访居民感受到近些年海南岛剧烈的物价房价涨幅，并表示较低的工资收入难以支撑起当地的高物价与飞速增长的房价。以 2019 年相关数据为例，北京、上海、广州和深圳的人均可支配收入大致是海南人均可支配收入的 2.3～2.6 倍，而海南的食品价格则比北京高 47％、比上海高 19％、比广州高 5.4％，处于典型的“低收入高物价”状态。发放物价补贴，缓解物价上涨对低收入群体生活的影响；成立市场调查部门，严查市场垄断与行业垄断，打击一切恶意提升食品与基本生活用品交易成本的行为；鼓励扩大农业与轻工业生产规模，实现农副产品和基本生活用品的自给自足、自产自销等途径是目前能够稍加缓解物价矛盾的可行策略。

供需关系失衡、土地价格与建筑成本过高是导致房价虚高的主要因素。对海南房价的管控，需要一套全面且系统的管理办法：加大对房地产市场的宏观调控力度，加快督促落实房地产开发条例；优化考核机制，减少市县房地产开发“冲动”，加强规划管控，从无序开发走向有序开发；坚决贯彻可持续发展战略，严禁以破坏生态为代价修建海景房，保护海岸线生态环境；

严格土地管理，合理控制房地产开发规模和节奏，减少超大面积住房建设；完善住房体系，推动构建租购并举的住房制度；完善农村基础设施建设和农村公共服务，缓解农村居民的城市定居与购房需求；严厉打击炒房行为，切实保障居民硬性购房住房需求，严厉禁止非法获取和倒卖保障性住房名额，努力让更多目标人群切实享受保障性住房福利；加强对保障性住房政策以及申请流程的普及宣传，针对老年人群体和弱势群体进行重点讲解说明，努力促进住房公平；严格监管保障性住房建设，卡死原材料与施工全过程，确保保障性住房质量切实可靠、安全宜居。同时为防止出现虚构资格、价外加价、变相涨价、捂盘惜售等市场乱象，各市应根据自贸港建设的需求和“一城一策”的要求不断完善细化调控措施，推进房地产市场持续健康发展。

此外，海南政府应出台相关政策鼓励闲置房屋租赁，完善房屋租赁相关法律法规，使得房屋租赁更为普及，为租赁者和户主提供充足的安全感和政策支持，鼓励建设房屋流转租赁机构，对闲置房屋进行登记、挂网出租等，提高住房利用率，为有租房需求的居民或外地游客提供经济实惠的房屋租赁的同时增加户主的经济收益。政府还应当对老旧住宅尤其是高楼进行全面改造、加固，更换电梯、修补外墙，同时严抓隔断间、私接电线等违规操作，以保障老旧小区住房内居民的人身财产安全。

(二) 完善社会保障体系以满足居民对美好生活的追求

完善的社会保障体系不仅是居民美好生活的基础、是体现社会公平正义的基石，同时也是地方留住高质量人才的关键。海南省社会保障体系较为完善，发展速度较快，作为国务院确定的社会保障制度改革的试点省，在建省初期就对社会保障制度进行大胆的探索，积累了经验，形成了具有自己鲜明特色的一整套制度，以“老有所养、病有所医、失有所助、伤有所补、人人享有基本保障”为目标，按照“广覆盖、保基本、多层次、可持续”的方针，进一步健全保障机制和制度、扩大社会保障范围、完善社会救助体系。

借助个人社会保障账户的划拨比例、社会保障统筹基金的征缴和支付比例、各级政府对社会保障的财政补助力度等多种政策杠杆，直接缩小城乡、地区和不同人群之间的收入差距；扩大覆盖面，确保不同发展水平的公民有同样的机会享有基本社会保障，确保在提供基本社会保障的过程中公民拥有相同的选择权利；实施益贫式保障政策；把握基本社会保障的普惠性与适度性，实现长远的包容性增长。政府与有关部门应始终坚持推进全省社会保障体系的完善与革新，聆听人民群众的切实需求、关注弱势群体与少数群体的利益保障，进一步建立健全自贸港建设下平等、包容、多元的现代社会保障体系，全面实现基本社会保障均等化。

党的二十大报告提出，健全社会保障体系，健全覆盖全民、统筹城乡、公平统一、安全规范、可持续的多层次社会保障体系，扩大社会保险覆盖面。政府应继续完善多层次、多支柱养老保险体系，促进多层次医疗保障有序衔接，建立长期护理保险制度，积极发展商业医疗保险；提高养老、医疗、失业、工伤保险的统筹层次，均衡地区间养老保险基金、医保基金的失衡状态；健全分层、分类社会救助体系，坚持男女平等，保障妇女儿童、残疾人的合法权益，将保障基本民生，促进社会公平，维护社会稳定的兜底性制度安排落实到底。

(三) 加大基础性医疗的投入以实现居民的健康保障

医疗作为人民健康问题的基本保障，也是民生问题的重中之重。而海南省省内医疗基础设施一直以来相对薄弱、医疗资源相对匮乏、医疗团队水平和效率较低。近年来，政策利好，如支持海南国产化高端医疗装备创新发展、加大对药品市场准入支持等在一定程度上弥补了这方面的不足，但海南仍存在岛内医疗资源分配不均、医疗服务意识弱、态度差、医疗卫生环境滞后、药品种类不齐全等一系列急需解决的基础性问题。自贸港建设下海南医疗产业的发展重点更偏向于国际医疗旅游和高端医疗服务，缺少对基础性医疗的关注和投入。医疗旅游作为海南旅游业的重点发展对象，在拉动旅游业发展的同时，更应肩负起带动服务岛内居民的总体医疗水平和医疗条件，集合民众的真实反馈和切实需求，实事求是、脚踏实地建设基础医疗保障体系，在为本地群众创造更便捷、更高效、更舒适、更信赖的日常就医环境的基础上提供更多、更普遍地享有高端医疗的机会。

通过合理的宏观调控，控制大中城市不必要的医疗建设，转而把资金技术分散到急需升级完善医疗条件的欠发达市县，尽量实现政府医疗供给与居民对医疗服务实际需求的高效对接，以医疗资源、技术人员自由流动改善失衡现状，推动医联体建设，促使高水平医疗人员向各层次下沉；大力推进“优质服务基层行”活动和社区医院建设，持续开展基层样板工程和能力提升工程建设；持续改善基层医疗的硬件条件，充分利用5G远程医疗服务提升能力；充分依托紧密型县域医共体建设，持续深化基层人事、薪酬、投入和运行机制改革；有序推进省级区域医疗中心建设，促进省域内优质医疗资源的区域均衡布局，努力缩小地市和省会城市之间医疗水平的差距。

加强对基础医疗卫生领域的财政支持力度，系统改善医疗卫生环境、规范化管理医疗队伍、标准化补充医疗药品种类。针对设备购置与技术引进对接错位的实际情况进行调研，切实了解民众医疗需求缺口，进行合理规划、科学建设。尤其是建设成型的链条式医疗服务体系，避免因为技术、人才、设备三者某一要素缺位导致的整体医疗服务缺失造成的就医困难、费用增高。针对近年来兴起的医疗健康产业，进行合理的约束与鼓励政策，既要支持产业发展创新、充分发挥私立医疗的填补作用，又要及时监管，规范医疗产业合法合规经营，减少公私立医院间的人才争夺与过度竞争，规范私立医疗市场，切实保障居民医疗权益，畅通群众意见反馈渠道，积极听取意见建议以提升服务水平、居民医疗满意度。

相关部门应加强对本土医疗人才的培养，努力提高人才黏性，政策化引进高水平医疗技术与医疗人才，提升医疗队伍整体素质；扩充省内医学教育资源、提升医学教育水平和专业学历教育层次，着力加强医学学科建设与全科医学人才培养力度；各级医疗机构、医院应当持续加强与高校的联合培养计划，开拓定向招生、定向就业，改善人才环境，提升人才黏性，让更多的医疗人才不仅“学在海南”，更愿“留在海南”。政府应积极提供政策支持与财政补贴，推动医院鼓励医疗技术人员继续学习深造，提升自身技术水平和服务意识，提升医疗队伍整体素质和水平，加强人才队伍建设，打造专业人才梯队，建立健全医学教育质量和医疗团队水平评估认证制度。践行灵活考核制度，试点末位淘汰制，推动医疗服务评价与医院财政补贴、工作人员薪资双挂钩，使海南医疗行业提升医疗效率。

四、丰富居民精神文化生活

（一）在传统文化的传承和发扬中促进文化交流与融合

海南作为一个多民族聚居的省份，在长期的历史发展进程中，优美的热带自然风光、良好的生态环境，培育造就了特色鲜明的少数民族传统文化，如音乐舞蹈、建筑形式、节日庆典、传统工艺、婚丧嫁娶等，这是海南重要的文化资源。丰富海南居民的精神文化生活也可以此为依托，在组织开展形式多样、内容多样的文化娱乐活动的同时，有效地保护本地文化遗产与传统习俗，促进外来文化与本地文化的交流与融合。党的十八大以来，习近平总书记高度重视中华优秀传统文化的保护、传承和利用，他指出："要保护好、传承好、利用好中华优秀传统文化，挖掘其丰富内涵，以利于更好坚定文化自信、凝聚民族精神。"海南文化凭借其历史性、民族性、丰富性与多样性，是中华民族地域文化版图浓墨重彩的一部分。海南政府应当进一步扩大对传统文化的宣传，打造特色传统文化旅游景点，提高知名度的同时增加经济效益，促进传统文化传承的良性循环；牵头推动传统文化申报省级、国家级乃至国际非物质文化遗产项目，借此提高传统文化的国际知名度，牵动更多的人才与资金流入海南传统文化保护、传承与发扬；建立健全传统文化传承人培养机制，通过给予文化传承人系统性培养、资金支持与福利保障，提升其传承传统文化的主动性、积极性、持久性。

海南岛在全球化与国际化愈加显著的现当代，应当积极推动民族与世界文化的交流。除了引进大型文娱活动、为现今主流文体活动提供场地和政策等多方面的支持外，以本土文化为根基的各类文娱活动也需要得到创新与发扬。保护海南地方特色传统文化的同时，创新传统与现代文化、民族与世界文化的交流机制，不仅对于本地居民的精神文明建设有着重要的意义，更是海南自贸港建设需要达到的精神文明标准。相关部门应继续推动全方位、多层次、宽领域的文化交流合作，举办大型国际文化交流活动，以提升海南传统文化在全国和世界范围内的知名度。

（二）在文化事业与文化产业发展中提升居民文化素养

党的十八大报告指出，让人民享有健康丰富的精神文化生活，是全面建成小康社会的重要内容。习近平总书记强调:"加快构建现代公共文化服务体系,促进基本公共文化服务标准化均等化。"公益性的公共文化服务是实现人民群众基本文化权利的主要载体,是满足人民对美好生活新期待的重要方式。党的二十大报告提出,健全现代文化产业体系和市场体系,实施重大文化产业项目带动战略。我们要完整、准确、全面贯彻新发展理念,以创新为核心驱动力,以重大文化产业项目为抓手,优化产业结构布局,扩大城乡居民文化消费,提升产业发展整体实力和竞争力。

居民的文化素养是其能够拥有丰富精神文化生活的前提。城市居民作为城市的主体,是城市发展与文明进步的能动力量,居民素质的高低将影响城市发展的走向。因此,如何提升居民素质成为所有文化建设工作中的重要问题。实施人文素质提升工程,主要包含四个方面的内容:一是人文知识的宣传和普及,主要对人文领域的基本知识进行普及宣传;二是人文思想的宣传和普及,主要是对具有民族特色和中国特色的人文思想、文化理念进行宣传普及;三是人文方法的宣传和普及,主要对人文思想中所蕴含的认识方法和实践方法进行宣传和普及,学会用人文的方法思考和解决问题;四是人文精神的宣传和普及,主要对人文精神中的民族精神和时代精神进行普及。根据以上方法论,并结合海南当地实际情况展开实践,将有望助力海南居民整体素质水平提升。

完备的公共文化基础设施是居民丰富其精神文化生活的硬件条件,也应该是公共文化事业建设的重点内容。调研结果显示,部分居民认为海南省近些年的公共文化服务不断丰富,公共文化基础设施也有较大变化,博物馆、科技馆、图书馆和剧院数量增加,且举办展览和公益性讲座的数量增多。但省内大部分文化基础设施存在知名度低、影响力弱、地域分布不均、场地和内容陈旧等问题,因此继续完善文化基础设施建设仍是文化事业的发展重点。此外,进一步打造居民文化活动交流中心、加强社区文化建设队伍力量、定期举办公益性文化活动、提供多样的公益文化服务、推动公共文化服务精准化,尽力满足不同年龄、不同职业群体的文化需求,实现公共服务文化的零门槛、普惠制、均等化,提升居民参与感、体验感与获得感,努力为民众提供更高质量、更加公平、更加包容、更加可持续的公共文化服务。

近年来,海南影视、演艺、游戏、设计、会展、娱乐六大产业加快发展。未来五年，繁荣发展文化事业和文化产业，建设高水平的公共文化服务体系和文化产业体系将是海南工作的重要目标。健全文化管理机制和文化经济政策，推动文化与科技、金融、旅游等相关产业深度融合，提升文化产业新动能。在海南目前的发展环境下，无论是文体产业还是文旅产业都有着蓬勃的发展前景，而这些领域的发展不应单纯以拉动海南经济增长为目的，更应将其作为丰富海南居民文化娱乐活动的契机。

五、推动教育体系的深化改良

（一）关注学前教育、义务教育和“双减”的本质要求

在幼儿园文化系统架构方面，海南省的幼儿园应关注构建一个良性的整体氛围，将娱乐休闲与夯实基础两相结合，在基础的玩乐活动中加入潜在的创造力探索、人格培养以及社交概念等元素。通过设置手工制作、模拟集市、互动出游等课程，鼓励孩子的探索兴趣，并且形成学习意识，为后期教育打下基础。与此同时，还需关注儿童性格与人格的培养，采用具有保教结合逻辑的综合模式。提高孩子身体素质，关注心理健康，进行人格培养。

小学与初高中的教育应更多关注教育资源不充分、不均衡，师资水平较低等问题。海南省应加强义务教育教师工资收入保障，确保义务教育教师平均工资收入水平不低于当地公务员平均工资收入水平；加强对教育领域的财政支持与投资投入力度与人才建设力度；深入贯彻教育公平理念与原则，最大程度合理配置教育资源；推动基础教育资源协调均衡发展，促进生源回流本地，海南政府应该加大力度建设各市县本地学校，因地制宜学习海口、三亚等地优秀办学模式，进行适当改良，提高教学质量，吸引异地求学的学生回流本地学校，形成均衡发展的良性循环。

“双减”政策的根本目标是建设高质量教育体系、构建良好的教育生态，从而促进学生全面发展、健康成长，切实落实立德树人的根本任务。究其本质是义务教育的目标从培养支持制造强国的高质量人才向培养支持创造强国的创新型人才的转变。部分受访者对“双减政策”的担忧正是海南教育因自身发展现状和特点需要解决的问题。让“双减”政策精神切实落地生根则是一项系统工程，需要教育教学评价改革发挥好指挥棒作用，需要核心素养

和能力不断发展的专业化教师提供保障，需要教科研精准发力，提升学生在校学习效率，实现课业负担方面的精准减负提质，需要优化资源、群策群力提升课后服务水平，有效减轻课后培训负担。

（二）实现高等教育的机制创新与管理模式

海南高等教育建设中，将专业内容与个人发展方向结合，是一个重要的关注领域。各高等教育的利益相关者，应注重教育实践，发挥高等教育战略定力，融合学科要义进行思辨阐释，培养适应社会发展的人才。通过就业市场的整合规范与学校教学的有效衔接来促进高等教育阶段学生的个人长期发展问题。因势利导，根据不同专业的宏观政策要求、人才素质需求、市场主体利益以及动态产业基础及时调整课程。同时，摒弃只注重课本知识，单纯授课的传统学习模式，传道授业，为学生的未来方向给予更多支持。配备充足的实验、实操设备，保障每一位学生的实践机会，将理论与实践结合起来。

要想通过就业市场的整合规范与学校教学的有效衔接来解决高等教育阶段学生的个人长期发展问题，需要因势利导，根据不同专业的宏观政策要求、人才素质需求、市场主体利益以及动态产业形势进行课程的动态调整与改革。学校提供理论知识、优秀师资、科研成果等学术支持，企业提供真实生产环境、发展动向、行业经验等实操引导，学生作为信息接收、融合资源的协调桥梁，三方联动，要素互通，为学生的未来方向给予更多支持，从深远意义上发挥人才资源优势，加强人才反哺，建立海南的高质量教育新格局。

海南高等教育与职业教育院校需要对海南本土人才缺口进行细致调研和准确考量，规划出科学合理的专业培养方案和学科体系，因地制宜，让人才培养对接人才缺口，精准教育推动精准就业，从而使学生所学有用武之地。海南可以利用独特的热带气候，大力发展农业农学，对学生具有极强的吸引力，从而保证招生规模和学校的长期可持续发展。在中外合作办学学校或机构审批时明确完整的升学、招生、考试流程与管理办法，充分沟通，创新管理模式，制定适合中外合作办学发展的专项政策，避免违法违规招生与"一刀切"政策的出现，推动政府、学校、家长三方联动，提升中外合作办学质量与满意度，促进建设国际教育创新岛。

（三）加大对特殊教育、继续教育的研究与投入比重

自党的十七大提出“关心特殊教育”后，党中央越来越关注特殊教育。十八大提出“支持特殊教育”、十九大提出“办好特殊教育”。海南省的教育体系建设仍需在特殊教育方面下功夫。通过特殊教育学校与普通教育学校联合，两方老师互相借鉴教学经验，观察教育教学模式，同时寻找一定的机会利用普通教育对特教学生进行社会性训练，提升特教学生的生活质量与社会属性。在特教教师不足的地区设置巡回教师岗位，进行周期性轮转指导，让特殊学生共享优质教育资源，以全面促进教育公平。

根据访谈反馈，海南当下的继续教育存在以下值得关注的领域：企业与组织应完善教育评价机制与成果转化激励机制，介入更多具备公信力的客观评价体系；加强继续教育与人才输送环节的有效对接，给予接受继续教育的员工更多的资金扶持与福利奖励、贯彻其终生受教育理念；促进继续教育，为更多人带来实质性的能力提升，保障其作为人力资源建设的重要一环，让其在构建教育新发展格局中大有可为。政府与有关部门应加强对继续教育的关注程度、投资力度，提高继续教育参与率，扩大继续教育影响力，发挥其市场竞争力以及在区域经济产业融合方面的关键性作用。

继续教育行业若能获得更多的经济投入与管理建设，可以在海南省经济高速发展的时代浪潮中使机会均等化、体系健全化、制度先进化、保障明确化，从而稳定、大量地为岗位需求输送具有优质能力的就业者，提高就业总体水准。“继续教育是知识经济成功之本。”海南省是中国的国家窗口，继续教育的建设可以借助资源流动、政策支持、经验借鉴等开放性方式发展。海南积极顺应国家人才资源转型需求，从人力资源大国走向人力资源强国，必须思考继续教育如何在新发展格局中发挥作用。从更高站位布局，提高继续教育参与率，扩大继续教育影响力，发挥其提升市场竞争力以及区域经济产业融合方面的关键性作用。

（四）推动产学研深入合作与产教的深度融合

2014年国务院印发《关于加快发展现代职业教育的决定》，对于教育以及产业领域提出“产教深度融合”战略，将产教融合从教育领域延伸至产业

领域，从供给侧结构性改革扩大到需求侧改革乃至上升为国家战略，产教融合作为教育改革的重点，为继续教育赋予了新的内涵及使命。进一步促进产教融合共同体的构建，突破产教融合共同体机制桎梏，构建资源整合的有效机制与路径，将教育人才资源与产业流动要素有机结合，相辅相成，推动产业与教育两极联动，双向融合，是深化教育变革的重要途径。

产教融合是培育我国大批高素质技能型人才的主要阵地，在很大程度上可以解决大学传授内容与就业岗位实际工作需求不匹配、大学生就业困难导致的人才市场资源冗余、企业实际岗位空缺、就业信息壁垒等问题。产业结构的分配工作具有动态需求与协同性，是高等教育的一个重要领域。加强省内外市场循环流动，补足经济、教育资源上的不足尤为紧要。对于一些产业基础比较薄弱的专业，可以通过资源整合扩充力量。对于产业基础较好的优势专业，则需要考虑资源的优化与转型升级的问题。

结合我国宏观制度需求以及省内具体情况，海南省的产教融合已经经历了半工半读、联合办学、工学结合、校企合作、校企协同育人五个阶段。尤其是在海南经济面向高质量发展阶段，深入探索校企合作、校企协同的重要性便日益凸显。积极开办社会产业专业，把产业与教学相结合，相互支持，相互促进，把学校办成集人才培养、科学研究、科技服务为一体的教育实体。学校提供理论知识、优秀师资、科研成果等学术支持，企业提供真实生产环境、发展动向、行业经验等实操引导，学生作为信息接收、融合资源的协调桥梁，三方联动，要素互通，从深远意义上发挥人才资源优势，加强人才反哺，促进海南的高质量教育新格局建立。

(五) 加强人才队伍建设及区域的教育交流

为加快建设一支为高质量发展扩充优势的人才队伍，海南省采用“引”“培”结合，通过建设自由贸易港和搭建国际工作平台、颁布高端人才留琼政策优惠、提高海南工作福利待遇等方式，吸引高端社会工作人才前来就业。与此同时，探索本土化人才培育方式，利用现有高校人才培养资源、大力鼓励学院开设就业培训、推动社会工作机构开展业务培训与继续教育，加强岛内“自助培养”工作。发挥海南自身优势，结合发展需求，建设一支本土人才与引进人才结合的建设强劲主力军。海南本土教育人才以及外来引进人才如何在区域定居，保持稳定发展局面，并非只需靠人才政策一方施力。高等教育应与基础教育配套，教学目标应与教育设施结合，教育部门应加强与其他部门的产业协作，才能达成人才稳定的发展态势。同时，如何让“候鸟人才”及其带动的人才资源常驻海南，成为海南引入人才的一个组成部分，需要给予更多的思考与关注。

海南独特的区位优势有自然环境优越、政策大力支持、对外交流积极等，这些都给予了海南教育发展得天独厚的助力点。海南应深刻把握区位定位，积极发挥自身存在的优势，避开弱势带来的消极影响，深化教育依托产业的调整，可以为教育扎根于社会建设带来更多基础性资源。同样，海南作为国家重点贸易港口与经济特区，进行有益经验的学习与优质资源的引进也具备充足条件。鉴于海南的独特区位优势，对内各级政府统筹安排建设调配，有效组织治理逻辑整合，因地制宜地落实制度创新。对外开展教育交流论坛，学习借鉴各省及各国有效的教育改革经验，结合具体省情转化为建设思路。政府应发挥海南区位优势，使其能够在行业自律、交流合作、协同创新中带来教育深层意义变革。

加快推进教育高质量发展，是党的二十大对教育提出的根本要求，是当前和今后相当长一个时期教育改革发展的战略任务。实现教育高质量发展，必须着眼全局、着眼长远，加快建设高质量教育体系，这不仅是对现行教育体系的进一步完善，同时还将带来教育观念的转变、教育结构的优化和教育格局的重塑。海南政府应牢记习近平总书记的明确要求，要以教育评价改革为牵引，统筹推进育人方式、办学模式、管理体制、保障机制改革，激发教育活力，提升各级各类学校育人质量。

第二节　多角度关注社会群体和民生问题

一、给予不同群体针对性的有效反馈

基于不同年龄群体对于自贸港认知的数据分析结果来看，无论是政策

熟悉程度还是参与意愿,老年群体都给予最积极的支持与反馈,其次是中年群体。而千禧一代与青少年群体,作为参与自贸港建设主力军与后备新生力量,其态度与中老年群体的态度相比则略为消沉。尤其在建设参与度方面的积极性远远低于非直接参与自贸港建设的老年群体,逊色于处于职业生涯末期或已经退休的中年群体。政策与规划若要得到有效的实施、持续性的发展与完善,则必须注重直接参与者主观能动性的激发,以及参与者于更新换代阶段的衔接流畅性、目标一致性。如何使作为现今市场主力军的千禧一代对政策与规划产生较高的认同感,为其提供持续不断的动力来源;如何鼓动后浪涌动,为自贸港的未来建设储备更多可靠的新生力量成为目前需要解决的重要问题。同时,中年群体与老年群体作为政策的忠诚拥护者,则要给予及时有效的同步反馈。

认知产生意愿,意愿激发行动。青少年群体参与自贸港建设意愿不高的主要原因在于对政策的了解程度不高,并且由于处于这一年龄阶段的大部分个体三观尚未完善、社会经验不足、人生阅历缺乏,因此较难对国家重大方针政策进行重要性评估并做出判断。通过学校与机构的教育与宣传,加强其意识上对政策的认知,通过提供相关实践机会、鼓励与扶持创新创业项目,可有效培养目标人才、激励青少年积极主动参与自贸港建设。除了政策意识的培养,实质性的内容教育才是最为重要的。但值得注意的是,无论是义务教育、高中教育(包括普通高中与职业高中)还是高等教育,海南省的教育水平与教育资源在全国和全世界范围都不具备优势,缺少竞争力。海南省缺少培养高等人才的院校,作为开放性经济的先行试验区,海南对于金融类、旅游管理、港口航运、生态农业、医药健康、新能源等领域高端人才存在较大的需求缺口。高素质人才引进制度和定居优惠政策一直是自贸港建设的重要一环,但更重要的是从根源上完善教育体系、充实教育资源、监督教育质量,从而提升全省的整体教育水平,实现人才的自给自足与持续性供应,为产学研的深度结合提供可能性。

作为现今参与自贸港建设的主体,千禧一代在给予自贸港政策重要性肯定的基础上却对政策缺乏了解且参与积极性不高,其主要原因有二:一是由于该年龄段群体在接受学校教育阶段相关政策尚未出台,缺少对其进行较深入了解与系统学习的机会，而在政策出台时期该部分群体已参与工作多年，形成了相对稳定的职业发展方向、工作思维与习惯；二是由于政策实施的时间较短，处于初步发展阶段，该群体尚未体验到政策红利。所以，一方面需要通过社会与企业宣传教育加强其对政策的认知与了解程度，另一方面则需进一步营造全省创新创业氛围、扩大建设参与者的自主发展空间，设置阶段性奖励与回馈机制，并让其参与阶段性目标的制定，提升其参与感的同时提供可预见性前景，方可促使其形成积极参与建设的动力来源。同时，作为非直接劳动力的中老年群体，也需要为他们提供为城市治理建言献策的机会和途径，以这样的方式增强其参与感和满意度。并且鉴于该群体对政策的拥护态度，他们需被给予持续的、及时的、有效的反馈与回应。促进区域与城市治理的信息整合，及时同步数据、共享信息，合力为中老年群体打破政策实施与推进中的信息壁垒。

二、协调区域发展与兼顾新老居民

调查显示，海南省内不同城市不同区域的居民对自贸港政策的了解程度以及在自贸港建设下居民生活质量变化的感知存在差异，主要表现为居住在经济文化发展水平较高城市的居民对政策的了解程度更深、对自贸港建设的态度更为积极、对自身生活质量变化的感知更为敏锐。同时，在走访的过程中发现，海南省内有众多近年来从外省迁入海南户籍定居的“新居民”，以及每年秋冬季节来海南度假、居住的“候鸟人群”。这些群体虽在海南居住的时间较短，但整体对自贸港政策的认识较为全面，对自贸港建设持积极的态度和高度的评价。关注地区差异、协调区域发展、兼顾新老居民的重要性与必要性由此显现。

由于区位因素和经济结构的差异，不同城市和不同地区的发展速度与发展节奏不同是难以避免的。唯有通过缩小城市间的经济发展差距，才能从根本上均衡海南省内各地群众对自贸港政策以及全省发展方向的认知。海南经济高质量发展呈现高度集中的特点，主要集中在海口、儋州和三亚，并不断向东部和西部延伸，海南经济高质量发展总体呈现“北部经济带较高、中部地区较低”的局面，但由北向西、由南向东的扩散趋势较为明显。因此，如需协调全省各城市各地区共同发展，则需进一步加强区域合作与城市协作，发挥核心城市如海口、三亚、儋州，核心区域如大三亚经济区、海澄文定经济区的空间溢出效应，统筹协调各经济区的发展，加强旅游产业对农业的拉动作用，在非核心城市与区域推动产业转型升级，形成产业、人才、资本的集聚效应和规模效应。以外驱拉动与内区创新缩小城市区域差异，形成更加均衡协调的自贸港发展格局。

唯有关注群众心声、为群众谋福祉，才能取得群众的支持，让群众认知发挥本质作用。2021年海南省第七次全国人口普查结果显示，海南省全省常住人口突破1 000万人，达10 081 232人。与2010年第六次全国人口普查数据相比增长16.26%，比全国平均增长率高10.88个百分点。外省迁入户籍人口与新增常住人口成为近些年海南总体人口的重要组成部分。自贸港建设既要依靠扎根海南本土的“老居民”，也要依靠这些能够发挥重要力量的海南“新居民”。由于文化背景不同、成长环境不同、在海南居住的时间不同，新老居民对海南有着不同角度、不同层次的见解与认知，但对于美好生活的向往有着相同之处。海南自贸港政策应该同时惠及海南新老居民、兼顾本地户籍人口与常住人口，立足各类居民与人口需求，倾听各类群体心声，不断增强居民的获得感、幸福感和安全感。政策支持除了惠及高端引进人才，也不可忽视在中低端产业链工作的外来务工人口，同时更应兼顾土生土长的本地居民。提升区域包容性，推动包容性社区的形成与发展，为居民间的友好交流提供更为和谐的大环境。

三、关注职业行业与收入水平差距

就业是民生之本，收入乃民生之源。党的十九大报告指出，就业是最大的民生，也是经济发展最基本的支撑；党的十九届五中全会将“提高人民收入水平”摆在“改善人民生活品质，提高社会建设水平”之首。从样本数据的分析来看，海南省内居民就业情况整体向好，但仍存在近半人口薪资水平低于国际平均水准、高端就业空间狭窄等问题，部分居民反映省内就业环境依旧复杂严峻。自贸港的建设除了需要全方位、各领域的高端人才外，同时也需要各个层次的大量劳动力。海南省的整体建设与发展环境不存在职业歧视现象，但由于现实因素，不同职业不同收入水平的人群对政策认知与评价存在较大差距。调查结果显示劳动人口的薪资水平与其参与自贸港建设的积极程度呈正相关。导致该现象产生的根本原因在于不同薪资水平的劳动人口在自贸港建设的背景下拥有的发展机遇与享有的福利待遇机会不均等。其中，旅游业、服务业作为全省支柱性产业，其一线运营岗员工薪资水准、福利待遇、社会地位却普遍较低。

“十四五”规划强调强化就业优先政策，扩大就业容量，完善重点群体就业支持体系，实现更充分更高质量的就业。海南自贸港的建设也需要兼顾不同收入水平的群体，关注不同收入水平群体的福利待遇，以共同富裕的目标作为政策修改、完善的原则指导，以缩小收入差距作为政策实施效果的检测标准，保证居民人人参与建设、建设成果人人共享，绝不让任何一部分群体掉队、落后。对低收入群体实施人文关怀与社会保障，建立健全分层分类的低收入群体社会帮扶体系与政策性利好措施，建立有较大包容性的帮扶救助体系，发挥好基本生活兜底保障功能，努力推动更多低收入人口迈入中等收入群体。促进机会公平，进一步打破不当行政性管制，疏通社会流动渠道，防止社会阶层的固化。改变有些地方对低收入农民工的歧视性做法，在大体相当条件下，在就业、升学、晋升等方面，给低收入阶层提供更多可及的机会。扩大中等收入群体既是推动高质量发展和共同富裕的手段，也应当作为自贸港民生政策制定的出发基点。关注因群体的迅速扩大而产生的中等群体内部的分层与矛盾激化，保增长、促就业、调结构，构建合理公正、畅通有序的社会性流动格局。

党的二十大报告指出，要健全终身职业技能培训制度，推动解决结构性就业矛盾。政府与相关部门应畅通各行各业的政策获取和学习渠道；提升社会整体薪资水平，缩小行业收入差距；建立健全垄断行业自律体系和管理体制，合理设置税制结构，营造公平公正的市场竞争环境；适当提高个人所得税起征点，增加对高收入群体的税收监管，降低收入群体的个税支出；强化政府再分配力度，努力增加居民转移性收入；均衡各职业各群体的福利待遇标准，提升旅游业、服务接待业的薪资水准，营造职业平等的社会意识与社会氛围；保持第一产业、第二产业、第三产业的占比协调，扩大高端产业就业空间，实现科学均衡发展，促进先进农业科技、设备进入海南农业领域，逐步减少对房地产业的依赖，将目光转向互联网、IT信息技术等新兴产业领域，实现由资源导向型产业转型升级为技术、人才导向型产业，减少对土地资源、不可再生资源的硬性依赖；进一步推进性别就业平等，调整性别就业结构，消除性别就业歧视，实现性别就业可持续发展。

第三节　走群众路线为自贸港发展奠定基础

一、以提升居民生活满意度为根本动力

居民城市满意度是指居民对生活多方面体验后的主观感受，是一种心理瞬间认知情绪，也是一种认知性评价。现代城市发展的终极目标就是为了不断提高和改善人民的生活质量，居民的生活质量满意度也能反映城市发展的状况。居民的满意度源于日常生活中的获得感与幸福感，它不仅是个体身心健康和需求满足的衡量指标和评价标准，同时也是城市治理和社会建设的落脚点与突破口，更是全面深化改革和共建共享发展的基本目标和动力源泉。

社会供给制约着民众对社会资源的选择、获得与消费，是获得感评价的客体。高质量、均等化的公共服务是居民获得感实现的基础，民生的不断改善是居民获得感提升的重要前提。关注居民生存物质条件与居住配套设施、身心健康状况与职业发展环境。协调社区多元主体关系，确保财政资金投入，规范公共服务制度；发挥政府机制、市场机制、社会机制和社区机制各自优势，形成“政社企民”彼此互动，共同提升居民获得感的局面。关注公共服务供给不足之处，满足居民多元需求，提升居民生活质量。自贸港的建设理应把关注与解决民生问题作为发展的重要目标，增加居民获得感与幸福感，提升居民生活质量与生活满意度，从而与全面建成小康社会、实现共同富裕的目标保持一致。

二、以地域文化自信促地方依恋共生

地方依恋是个人与某地正向的情感联系，其主要特征是个人倾向于与某地保持密切的关系。以提升居民生活质量与幸福感为目标的海南自贸港建设需要大量的本地与外来人才，增强居民的地方依恋感，既是留住人才、招引人才的有效手段，又是达成发展目标的有效衡量标准。而坚定文化自觉、树立地域文化自信，是提升居民地方依恋感的根本途径。

文化自信是一个国家、一个民族发展中更基本、更深沉、更持久的力量，要深入挖掘中华优秀传统文化蕴含的思想观念、人文精神、道德规范，结合时代要求继承创新，让中华文化展现出永久魅力和时代风采。党的二十大报告中提出，推进文化自信自强，铸就社会主义文化新辉煌。文化是治国理政的重要方略，是一个国家、一个民族的灵魂。而地域文化作为国家文化的基石，不仅是源远流长的中华文化的有机组成部分，更是一个地区的精神命脉，展现了地域的鲜活内涵与独特的个性魅力。海南历史文化资源厚重，极具特色，以海洋文化为主要特色的海南历史文化具有开放性、多样性和独特性的鲜明特点。要继续保护地方文化的独特性；继续深挖海南历史文化多样性：为海南的形成与发展作出积极贡献的移民文化、代表着传承精神的红色文化、作为交流与传承媒介的华侨文化；秉持海南海纳百川、兼收并蓄的文化开放性，促进外来文化与本地文化的交流与融合，从而实现文化环境的推陈出新、革故鼎新。

三、以群众观点奠基自贸港发展之路

转变政府职能，建设人民满意的服务型政府是新时代党和国家机构改革的重要任务。由国务院印发的《海南自由贸易港建设总体方案》中强调赋予海南省人民政府更多自主权，科学配置行政资源，大力转变政府职能，深化“放管服”改革。自贸港建设诚然需要发挥国家与地方政府合理科学的宏观调控职能，在政府职能转变的背景下，省域“多规合一”改革是海南争创中国特色社会主义实践范例中的又一项改革创新，体现了海南特区人敢想敢试的改革精神，是国家“放、管、服”要求大背景下推进政府治理体系和治理能力现代化建设的积极尝试。建设现代化国际贸易港要求地方政府紧跟时代的步伐、牢记时代使命，严守党全心全意为人民服务的宗旨，以服务新理念促发展新格局。

自贸港政策的制定、修订与实施必须始终将维护群众的利益放在首位。依靠群众与团结群众不仅是基层事业的根本宗旨，也是所有规划得以顺利实施、蓝图得以呈现的根本保障。了解社情民意、倾听群众呼声、扩大群众参与、接受群众监督，创新联系群众的途径和方法，用群众喜闻乐见、易于接受的方法开展工作。要切实推进高质量发展，提高经济、政治、文化、社会和生态文明建设水平，落实党中央关于逐步实现全体人民共同富裕的要求。人民是自贸港建设的实践主体、动力源泉和价值所在。海南自贸港建设作为中国新时期改革开放的新篇章，要始终坚持维护人民利益、汇聚人民力量、增进人民福祉，创新共建共享机制，加快推动海南自贸港建设。为民生、促民生，从群众中来、到群众中去，坚持群众观点、落实群众路线，为海南自贸港的建设夯实坚固的群众基础。

参考文献

[1] 蔡宏波，童顺.扩大高水平对外开放对形成国内统一大市场的影响：理论逻辑与中国经验[J].北京师范大学学报(社会科学版)，2022(4)：112－122.

[2] 曹现强，李烁.获得感的时代内涵与国外经验借鉴[J].人民论坛·学术前沿，2017(2)：18－28.

[3] 曾德立.光辉历程　沧桑巨变——建国55周年来海南经济社会发展回顾[R].海南省人民政府：海南统计局，2004.

[4] 陈功.我国人口发展呈现新特点与新趋势——第七次全国人口普查公报解读[EB/OL].国家统计局，2021－05－13.

[5] 陈少婷.手拓南荒，解放后海南基础设施建设发展迅猛[N].海南日报，2021－4－30(004).

[6] 陈植，陈献荣.海南岛新志：琼崖[M].海口：海南出版社，2004.

[7] 传慧，曹镇杭，唐文杰，冯振威，徐旭.关于推进校企合作、深化产教融合的创新研究[J].时代汽车，2022(16)：69－71.

[8] 单晓梅，林菁，刘杰.海南自贸港背景下高校就业环境预期研究[J].投资与创业，2021(2)：34－36.

[9] 邓伟志.社会学辞典[M].上海：上海辞书出版社.2009.

[10] 翟博文，陈昌礼，陈辉林.合作育人演进认知下的地方新型产教融合共同体构建[J].中国商论，2021(10)：178－180.

[11] 丁力玮，王一涛.省级民办高等教育新政执行过程中跨部门协同的困境、原因及对策——以海南为例[J].浙江树人大学学报(人文社会科学)，2020，20(05)：14－19.

[12] 丁毅，刘颖，张琳.农村金融创新对我国居民生活质量影响研究[J].价格理论与实践，2020(2)：83-86.

[13] 董艳梅，朱英明.高铁建设能否重塑中国的经济空间布局——基于就业、工资和经济增长的区域异质性视角[J].中国工业经济，2016(10)：92-108.

[14] 樊盛涛.刘世锦谈共同富裕：着力提升低收入群体的人力资本[R].澎湃新闻：智库报告，2021.

[15] 范柏乃.我国城市居民生活质量评价体系的构建与实际测度[J].浙江大学学报(人文社会科学版)，2006(4)：122-131.

[16] 风笑天.生活质量研究：近三十年回顾及相关问题探讨[J].社会科学研究，2007(6)：1-8.

[17] 封顺义，胡侦，李辉婕.城乡居民基本养老保险对农村老年居民生活质量的影响[J].绥化学院学报，2017(11)：22-24.

[18] 封思贤，宋秋韵.数字金融发展对我国居民生活质量的影响研究[J].经济与管理评论，2021(1)：102-113.

[19] 冯立天.中国人口生活质量研究[M].北京：北京经济学院出版社，1992：326.

[20] 符王润.辉煌30年美好新海南：让百姓乐享更有质量的医疗服务[N/OL]海口：海南日报，2018-03-30.

[21] 符宇群.海南将构建“三极一带一区”文化强省发展新格局[EB/OL].中新网，2022-05-28.

[22] 付丽娟，生吉萍.中国城乡居民生活质量满意程度比较分析[J].农业展望，2020(4)：27-33.

[23] 高磊，刘婷玉，张译丹.民政部：社会救助是保障基本民生、促进社会公平、维护社会稳定的兜底性、基础性制度安排[EB/OL].中国新闻网，2022-09-08.

[24] 高霄.海南自贸港与全球主要自贸港的比较和建议[J].商场现代化，2022(6)：86-88.

[25] 顾江.党的十八大以来我国文化产业发展的成就、经验与展望[J].管理

世界,2022,38(7):49－60.
[26] 顾杨妹.二战后日本人口城市化及城市问题研究[J].西北人口,2006(5):56－60.
[27] 国家统计局.中华人民共和国2021年国民经济和社会发展统计公报[R].北京:2022.
[28] 国家卫生健康委编.中国卫生健康统计年鉴2021[M].北京:中国统计出版社,2021.
[29] 国务院办公厅.国家生态文明试验区(海南)实施方案[Z].北京:2019.
[30] 海南日报.海南:2021年空气质量优良天数比例达到99.4%[N].海南:2022－01－30.
[31] 海南省地方志办公室.海南省志·城乡建设志[M].海口:南海出版公司,2012.
[32] 何文萱,柯政.教育政策仿真:推进教育决策科学化的方法基础[J].教育学2023(1):1－9.
[33] 何一民.如何全面提升市民人文素质[N].光明日报,2016－4－9(07).
[34] 和讯房产.海南房价在过去十年涨幅国内领先,未来的上涨空间仍较大[RL].北京:如是金融研究院,2020.
[35] 怀进鹏.为全面建设社会主义现代化国家贡献强大教育力量[N].北京:光明日报,2022－11－30(04).
[36] 黄慧,肖芒.海南社会工作人才培养与政策赋能[N].北京:中国社会科学报,2022－06－15(011).
[37] 黄维海,张晓可.教育人力资本积累、分布与经济增长动能的转换——来自新中国70年的经验证据[J].教育与经济,2021,37(01):29－38＋49.
[38] 吉赟,杨青.高铁开通能否促进企业创新:基于准自然实验的研究[J].世界经济,2020,43(2):147－166.
[39] 姜安印,陈卫强.高质量发展框架下中国居民生活质量测度[J].统计与决策,2020,36(13):5－9
[40] 姜小霞.海南自贸港“候鸟人才”引进困境与对策研究[J].黑龙江人力

资源和社会保障,2022(10):7－9.
[41] 赖秀龙、李振玉.海南建省30年教育发展的成就与未来展望.海南师范大学学报(社会科学版).2018(2):10－18.
[42] 赖永生.百年征程的海南成就及其启示[N].海南日报,2021－11－26.
[43] 雷沁,王慧丽.陕西省居民生活质量与经济发展互动关系[J].咸阳师范学院学报,2020(4):47－53.
[44] 李进参.生物多样性是生态文明重要指标[N].经济日报,2021－10－16.
[45] 李倩,秦浩.新发展理念下海南经济高质量发展水平测度及空间差异研究[J].中国经贸导刊(中),2021(10):21－25.
[46] 李铁映.城市问题是个战略问题[J].城市规划,1983(1):15－17.
[47] 李拯.优化营商环境助力高质量发展[N].人民日报,2020－12－14(05).
[48] 李志民.定性研究与定量研究的区别[EB/OL].关注人才发展专业委员会.2022
[49] 林南,卢汉龙.社会指标与生活质量的结构模型探讨——关于上海城市居民生活的一项研究[J].中国社会科学,1989(4):75－97.
[50] 林南,王玲,潘允康,等.生活质量的结构与指标——1985年天津千户户卷调查资料分析[J].社会学研究,1987(6):73－89.
[51] 林宪生,曹静静.海南文化产业的发展途径研究[EB/OL].公务员期刊网,2018－07－07.
[52] 林勇新.新时期海南经济发展面临的挑战与动力[EB/OL].中国网,2019－01－22.
[53] 刘锦峰.职业教育校企命运共同体:应然追求、实然困境和必然路径[J].当代教育论坛,2021(5):88－94.
[54] 刘双艳,张晓林.中国农村居民生活质量评价[J].经济问题,2018(10):90－93.
[55] 刘双艳,张晓林.中国农村居民生活质量评价[J].经济问题,2018,(10):90－93.
[56] 刘甜甜,赵静祎.论中国共产党生态文明建设历程及经验启示[J].大庆师范学院学报,2022,42(4):7－13.

[57] 刘晓惠.共享改革成果，共创美好生活[N].海南日报，2022-09-15(A02).
[58] 刘玉春.海南省特殊教育学校师资队伍现状调查与分析[J].现代职业教育，2019(28)：96-97.
[59] 卢淑华，韦鲁英.生活质量主客观指标作用机制研究[J].中国社会科学，1992(1)：121-136.
[60] 陆雄文.管理学大辞典[M].上海：上海辞书出版社，2013.
[61] 罗萍，殷燕敏，张学军，张建设，梁玉兰.国内生活质量指标体系研究现状评析[J].武汉大学学报(人文社会科学版)，2000(5)：645-649.
[62] 马国强，张丰伟.海南房地产市场特征与影响因素分析[J].海南大学学报(人文社会科学版)，2008(6)：607-615.
[63] 马开剑，王光明，方芳，张冉，艾巧珍，李廷洲."双减"政策下的教育理念与教育生态变革(笔谈)[J].天津师范大学学报(社会科学版)，2021(06)：1-14.
[64] 马珂.海纳百医.海南日报，2022-03-11(A07).
[65] 马珂.海南着力解决医疗卫生资源配置不均衡、基层医疗卫生服务能力弱等问题，乡村百姓"近"享优质医疗[N].海南日报，2021-04-07.
[66] 锚定"一本三基四梁八柱"战略框架办好海南教育[J].新教育，2022(16)：1.
[67] 闵杰.海南改革三十年：风继续吹[J/OL].中国新闻周刊，2018-04-13.
[68] 穆怀中.社会保障适度水平研究[J].经济研究，1977(2)：56-63.
[69] 欧美同学会.海归人才"扎根"海南　携手共创新未来——海南自由贸易港人才发展论坛综述[EB/OL]，2022.
[70] 欧阳河，戴春桃.产教融合的内涵、动因与推进策略[J].教育与职业，2019(7)：51-56.
[71] 潘德平，蒋青.四川城镇居民全面小康生活质量科学指标体系研究.电子科技大学学报(社科版)，2004(2)，7-11.
[72] 裴广一，葛晨.中国国际消费品博览会的时代背景、现实意义与效应发

挥[N].海南师范大学学报(社会科学版),2021(5),127-133.
[73] 彭青林.海南人才总量达到190万人[N].海南日报,2021-1-13.
[74] 祁娜.海南加快技能人才建设工作浅谈.职业·中旬,2018(5):11-13.
[75] 全力打好稳就业攻坚战,千方百计保持就业大局稳定[Z].山东人力资源和社会保障,2022(7):6-7.
[76] 申云,尹业兴,钟鑫.共同富裕视域下我国农村居民生活质量测度及其时空演变[J].西南民族大学学报(人文社会科学版),2022,43(2):103-114.
[77] 生活质量课题组.中国城市居民环境意识调查[J].管理世界,1991(6):171-173.
[78] 时丽珍,黄菁,黄晓灵."双减"政策背景下学校体育与课外培训机构协同发展新格局的思考[J].沈阳体育学院学报,2022,41(5):28-34.史莎.网媒游海南:浓郁民族文化让海南旅游更具魅力[EB/OL].南海网,2011-12-01.
[79] 史赞.海南省高等职业教育发展模式研究[D].天津:天津大学,2010.
[80] 世界卫生组织.新的《世卫组织全球空气质量指南》旨在从空气污染中挽救数百万人的生命[EB/OL].世界卫生组织网,2021-09-22.
[81] 宋臻.消除职业歧视　促进就业健康发展[J].科技视界,2015(16):156.
[82] 孙慧,杨洲.海南绿化覆盖率近四成人均公园绿地面积11.35平方米[N].海南日报,2018-8-27.
[83] 孙翎.包容性增长与基本社会保障均等化[N].光明日报,2010-10-19(10).
[84] 孙要良.深刻认识良好生态环境的重要性[N].经济日报,2018-07-12(13).
[85] 汤光伟.海南省中等职业学校师资队伍建设的研究[J].广东技术师范学院学报,2014(4):122-128+134.
[86] 唐宜红,俞峰,林发勤,等.中国高铁、贸易成本与企业出口研究[J].经济研究,2019,54(7):158-173.

[87] 田坤，行伟波，黄坤.交通基础设施升级与旅游经济高质量发展——基于高铁开通的实证研究[J/OL].经济学报：1-25.2023-10-06.
[88] 王芳.物价对城乡恩格尔系数的影响分析[J].商业研究，2006(14)：112-115.
[89] 王晖余，王存福.海南打“组合拳”摆脱房地产依赖症，下一步完善“一城一策”[N].经济参考报，2021-06-09(A07).
[90] 王京生.构建公共文化服务体系实现公民基本文化权利[J].特区实践与理论，2006(3)：4-6.
[91] 王淑英，郜怡飞.高等教育支撑区域经济高质量发展的多元路径[J/OL].重庆高教研究：1-16.2023-10-06.
[92] 魏颖，刘厉兵.居民生活质量大数据指标体系的构建与运用[J].中国经贸导刊，2019(16)：15-17.
[93] 吴寒光.我国社会指标研究回顾[J].统计研究，1989(4)：69-73.
[94] 吴日晖.农民工生活质量与政府信任度关系初探——基于海南 3 100 名农民工的调研数据[J].海南热带海洋学院学报，2020，27(6)：83-89.
[95] 谢雷星，杨政，岳岩，等.海南自贸港打造国际医疗旅游目的地的路径——以迪拜健康城为借鉴.[J].南海学刊，2021(4)：41-49.
[96] 邢占军.我国居民收入与幸福感关系的研究[J].社会学研究，2011，25(1)：196-219+245-246.
[97] 熊伟.新时代幼儿园文化建设导论[J].陕西学前师范学院学报，2022，38(9)：33-44.
[98] 徐达文.海南省城市公共交通优先发展对策研究[D].西安：长安大学，2014.
[99] 徐文海，曹亮，侯同波等.海南高等教育发展研究[J].新东方，2020(2)：25-30.
[100] 许永华.以人民为中心推动海南自贸港建设[N/OL].中国社会科学网-中国社会科学报，2020-06-03.
[101] 杨懿.海南省县级公立综合医院医疗服务效率及影响因素研究[D].海口：海南医学院，2021.

[102] 叶继红.集中居住区居民主观生活质量评价与分析——基于江苏13个城市的问卷调查[J].现代经济探讨,2019(1):105-113.
[103] 叶霖嘉.从这些交通安全数据,看这一年海南道路交通安全的变化[EB/OL].海南.2021-1-28.
[104] 易松国.生活质量研究进展综述[J].深圳大学学报:人文社会科学版,1998(1):102-109.
[105] 尹建坤,冀志国.城市噪音污染的原因和改善对策[J].环境与生活,2021(7):50-51.
[106] 于洋航.城市社区公共服务、生活满意度与居民获得感[J].西北人口,2021,42(3):78-90.
[107] 张柏伊.房价上涨对于农村生活水平的影响分析[J].商界论坛,2015(27):268.
[108] 张晶渝,杨庆媛,毕国华.重庆城市居民生活质量演变及其影响因素研究[J].现代城市研究,2021(5):112-118.
[109] 张军,李睿,于鸿宝.交通设施改善、农业劳动力转移与结构转型[J].中国农村经济,2021(6):28-43.
[110] 张莉,何晶,马润泓.房价如何影响劳动力流动?[J].经济研究,2017,52(8):155-170.
[111] 张连城,郎丽华,赵家章等.城市居民生活质量"总体稳定、稳中有忧"——2019年中国35个城市生活质量报告[J].经济学动态,2019(9):3-17.
[112] 张梦婷,俞峰,钟昌标等.高铁网络、市场准入与企业生产率[J].中国工业经济,2018(5):137-156.
[113] 张荣臣.群众路线:百年大党的生命线和根本工作路线[N].解放军报,2021-03-22(007).
[114] 张晓明,高佃恭.新加坡组屋制度对海南国际旅游岛住房建设的启示[J].海南广播电视大学学报,2012,13(1):76-80.
[115] 张学良.中国交通基础设施促进了区域经济增长吗——兼论交通基础设施的空间溢出效应[J].中国社会科学,2012(3):60-77+206.

[116] 张勇.我国居民客观生活质量现状评价[J].学术交流,2009(5):125-128.
[117] 张玉春,吴启富,刘宣.中国居民生活质量评价与分析[J].统计与决策,2012(24):106-108.
[118] 赵彦云,王作成.我国生活质量的国际比较[J].统计与信息论坛,2003(4):9-15.
[119] 赵元鹏.海南自贸港(区)背景下金融业发展存在的问题及对策研究[J].现代经济信息,2019(36):278-280.
[120] 中国(海南)改革发展研究院课题组,郭达,张飞.国际消费品博览会助推海南国际旅游消费中心建设[J].中国发展观察,2021(Z2):20-22.
[121] 中共海南省委自由贸易港工作委员会办公室.海南自由贸易港建设白皮书(2021)[R].海口:海南省新闻办公室,2021.
[122] 钟登华.坚定中国特色高等教育自信加快推进高等教育高质量发展[J].中国高教研究,2022(7):1-2+14.
[123] 周丹,宋芳晓,安艺.从“空城”现象探讨矿业城市发展的动力机理[A].城市时代,协同规划——2013中国城市规划年会论文集(10-区域规划与城市经济)[C].北京:中国城市规划学会,2013:16.
[124] 周海燕.守护基因宝库,筑牢生态屏障,海南举全省之力守护生物多样性[R].海口:海南省生态环境厅,2020-05-22.
[125] 周海燕.在海南,愿常闻呦呦鹿鸣[N].中国环境报,2021-03-17(08).
[126] 周兰愉,胡景卫.海南省高校师资队伍建设问题及建议[J].教育教学论坛,2014(37):29-30.
[127] 周磊,孙宁华,钱国军.新冠肺炎疫情冲击、劳动力市场波动与稳就业的财政规则——基于搜寻摩擦的DSGE模型[J].商业研究,2022(4):43-57.
[128] 周妮娜,盛华,郭浩儒.产教融合共同体的构建与实践[J].当代职业教育,2022(4):33-40.
[129] 周义龙.海南打造“国际康养旅居消费中心”的构想与建议[J].山东青年,2020(12):242-243+245.

[130] 朱迪.市场竞争、集体消费与环境质量——城镇居民生活满意度及其影响因素分析[J].社会学研究,2016,31(3)：193－217+246.

[131] 朱芬华.乡村振兴视域下我国城乡居民生活质量现状分析：2010—2019[J].安康学院学报,2022,34(2)：50－54.

[132] 朱海艳,孙根年,杨亚丽.旅游恩格尔系数对我国城乡居民生活质量和幸福度的跟踪试验[J].社会科学家,2018(2)：93－98.

[133] 左停.健全低收入群体社会帮扶体系扎实推动共同富裕[J/OL].中国社会报,2022.

[134] A Gesis Publication. German System of Social Indicators：Key Indicators 1950 － 2005 [C]. Gesis-ZUMA. Mannheim：A Gesis Publication，2007.

[135] Alba J W，Hutchinson J W. Dimensions of consumer expertise [J]. Journal of consumer research，1987，13(4)：411－454.

[136] Ali，C. The politics of good enough：Rural broadband and policy failure in the United States [J]. International Journal of Communication，2020，14：23.

[137] Berger-Schmitt R，Noll H H. Conceptual Framework and Structure of a European System of Socialindicators [M]. ZUMA，2000.

[138] Boley B B，Strzelecka M，Yeager E P，et al. Measuring place attachment with the abbreviated place attachment scale (APAS) [J]. Journal of environmental psychology，2021，74：101577.

[139] Clark Jr W D. SOCIOLOGY ANGUS CAMPBELL，PHILLIP CONVERSE and WILLARD RODGERS [J]. The Quality of American Life. pp. 598. New York：Russell Sage Foundation，1976. The ANNALS of the American Academy of Political and Social Science，1976，428(1)：170－170.

[140] Delhey J，Böhnke P，Habich R，et al. Quality of life in a European perspective：The EUROMODULE as a new instrument for comparative welfare research [J]. Assessing quality of life and living

conditions to guide national policy: the state of the art, 2002: 163 - 176.

[141] Diener E D, Emmons R A, Larsen R J, et al. The satisfaction with life scale [J]. Journal of personality assessment, 1985, 49 (1): 71 - 75.

[142] Easterlin R A. Does economic growth improve the human lot? Some empirical evidence [M]. Nations and households in economic growth. Academic press, 1974: 89 - 125.

[143] Ehrlich D. Americans View Their Mental Health [J]. Arch Gen Psychiatry, 1961, 5(6): 616 - 618.

[144] Estoque R C, Togawa T, Ooba M, et al. A review of quality of life (QOL) assessments and indicators: Towards a "QOL-Climate" assessment framework [J]. Ambio, 2019, 48: 619 - 638.

[145] Glatzer W, Noll H H. Social indicators and social reporting in Germany [J]. Journal of Public Policy, 1989, 9(4): 425 - 428.

[146] Hackney J D, Linn W S, Buckley R D & Hislop H J (1976). Studies in Adaption to Ambient Oxidant Air Pollution: Effects of Ozone Exposure in Los Angeles Residents vs. New Arrivals. Environmental Health Perspectives, 18, 141 - 146. https://doi. org/ 10.2307/ 3428696.

[147] Hagerty M R, Cummins R, Ferriss A L, et al. Quality of life indexes for national policy: Review and agenda for research [J]. Bulletin of Sociological Methodology, 2001, 71(1): 58 - 78.

[148] Liu B C. Quality of life: Concept, measure and results [J]. The American Journal of Economics and Sociology, 1975, 34(1): 1 - 13.

[149] Meng F, Li X, Uysal M. Tourism development and regional quality of life: the case of China [J]. Journal of China Tourism Research, 2010, 6(2): 164 - 182.

[150] Moberg D O. The development of social indicators for quality of life

research [J]. Sociological Analysis, 1979, 40(1): 11-26.

[151] Naidoo P, Sharpley R. Local perceptions of the relative contributions of enclave tourism and agritourism to community well-being: The case of Mauritius [J]. Journal of Destination Marketing & Management, 2016, 5(1): 16-25.

[152] Noll H H. Towards a European system of social indicators: Theoretical framework and system architecture [J]. Social indicators research, 2002, 58(1-3): 47-87.

[153] ODPM (Office of the Deputy Prime Minister). Planning Policy Statement 1: Delivering Sustainable Development [R]. London: HMSO, 2005.

[154] Qin D, Xu H, Chung Y. Perceived impacts of the poverty alleviation tourism policy on the poor in China [J]. Journal of Hospitality and Tourism Management, 2019, 41: 41-50.

[155] Rusbult C E, Martz J M, Agnew C R. The investment model scale: Measuring commitment level, satisfaction level, quality of alternatives, and investment size [J]. Personal relationships, 1998, 5(4): 357-387.

[156] Sirgy M J. The psychology of quality of life [M]. Dordrecht: Kluwer Academic Publishers, 2002.

[157] Stangierska D, Kowalczuk I, Juszczak-Szelągowska K, et al. Urban environment, green urban areas, and life quality of citizens—the case of Warsaw [J]. International Journal of Environmental Research and Public Health, 2022, 19(17): 10943.

[158] Stylidis D, Biran A, Sit J, et al. Residents' support for tourism development: The role of residents' place image and perceived tourism impacts [J]. Tourism management, 2014, 45: 260-274.

[159] Urtasun A, Gutiérrez I. Tourism agglomeration and its impact on social welfare: An empirical approach to the Spanish case [J].

Tourism Management, 2006, 27(5): 901 - 912.

[160] Uysal M, Perdue R, Sirgy M J. Prologue: Tourism and quality-of-life (QOL) research: The missing links [J]. Handbook of tourism and quality-of-life research: Enhancing the lives of tourists and residents of host communities. 2012: 1 - 5.

[161] Veenhoven R. Happy life-expectancy: A comprehensive measure of quality-of-life in nations [J]. Social indicators research, 1996, 39: 1 - 58.

[162] Woo E, Kim H, Uysal M. Life satisfaction and support for tourism development [J]. Annals of tourism research, 2015, 50: 84 - 97.

[163] Zaichkowsky, J. L. Measuring the involvement construct [J]. Journal of consumer research, 1985, 12(3): 341 - 352.

[164] Zapf W. Modernisierung, Wohlfahrtsentwicklung und Transformation: soziologische Aufsätze 1987 bis 1994 [M]. Berlin: edition sigma, 1994.

[165] Zapf W. Social reporting in the 1970s and in the 1990s [J]. Social Indicators Research, 2000, 51: 1 - 15.